JN092554

黑龙江省

•哈尔滨

吉林省

•长春

内蒙古自治区

沈阳
辽宁省   朝鲜民主主义人民共和国

•浩特

北京   平壤•
★ 天津•
大连•
河北省   首尔•
太原
•   大韩民国
石家庄•
济南• 青岛
山西省 山东省

郑州•

河南省   江苏省
安徽省 南京

胡北省 合吧• 苏州。 上海
武汉•   杭州•
浙江省

长沙 •南昌
湖南省 江西省

福州•
福建省   □ 台北
台
广东省   湾
省
广州•
香港
(特别行政区)

•海口

日本

东京•

大阪
日 本

半声を取り入れた

中国語耳留学

陳　洲挙　　于　暁飛　　劉　渇氷

同学社

表紙デザイン：アップルボックス

まえがき

　言語の重要な機能は音声による意思疎通にあります。即ち、聞くことと話すことです。従って、言語教育も「聞くこと」と「話すこと」に重きを置かねばなりません。こうした考えにより、私たちはこの教科書を編集いたしました。その特徴は下記の通りです。

　各課１ページ目の５組の「会話」には、いろいろな場面での言い方を選んであり、日本語訳も付けてあります。また、新出単語の"～"の働きはその前後のどちらかに必ずほかの単語が来ることを示し、辞書を引く時に役立ちます。

　２ページ目の「注釈」には、詳しい文法の説明を付けて学習者の理解を助けます。

　３ページ目の「置き換え練習」には、多様で豊かな表現力を修得できるように、工夫がされています。

　４ページ目には、課の「まとめ」と、中国の文化と生活を知るコラムを設けました。

　そして、最も顕著な特徴は「半声」という概念を導入したことです。

　「半声」は著者の１人陳洲挙が長年の教学の中で考案し、于暁飛がその記号化を実現しました。それはより正しい発音を把握し、本場の中国語の発音を学ぶのに大いに役立ちます。

　文中には通常の四声に加え、半声、全声の別を示す詞調記号を付け、さらに強調する語句を網掛けることにより、実践的な発音を身に付けることができます。

半声の導入により、声調記号の付け方の一部は従来の教科書と異なっており、例えば、量詞の"个"ge → gè、方位詞の"里"li → lǐ などです。そして、本教科書の中の"不"と"一"のピンインに関しては、声調記号は変調した後の記号で記します。

　教室での主役は学習者です。ネイティブスピーカーの音声を聞き、それをまねて音読を繰り返すことにより、学習者はより本格的な中国語を修得することができるでしょう。

　この教科書は新しい試みです。不十分な点もあろうかと思いますが、諸先生方のご批判をいただければ幸いです。

2020 年 1 月

著者一同

目　次

発 音 編

✐ **はじめに**

　中国には 56 の民族があり、そのうち人口の最も多い民族は漢民族である。漢民族の言葉は一般的に「中国語」という。

　漢民族の言葉の中には、広東語・上海語などたくさんの方言が含まれるので、全国共通の言葉として北方方言をベースに標準語が作られた。これを「普通話」という。

　中国語の記録記号は漢字で、発音の表記は日本語のローマ字のようにアルファベットを使って作られたもので、これを「ピンイン」という。

一　単音節

（一）単母音　▶2

a　　o　　e　　i　　u　　ü　　er

(yi)　(wu)　(yu)

☞　（　）の中の綴り方はｉｕüが単独で音節を構成する時の綴り方である。

（二）子音　▶3

両唇音	b(o)	p(o)	m(o)		
唇歯音				f(o)	
舌尖音	d(e)	t(e)	n(e)		l(e)
舌根音	g(e)	k(e)		h(e)	
舌面音	j(i)	q(i)		x(i)	
舌歯音	z(i)	c(i)		s(i)	
反舌音	zh(i)	ch(i)		sh(i)	r(i)

☞　① 子音は単独で大きい声で発音することができないので、それぞれ（　）の中の単母音をつけて発音をする。

　　② zi ci si と zhi chi shi ri の中の i は単母音の i とは異なり、単独で発音しない。

（三）二重母音と三重母音　▶4

ai	ei	ao	ou
ia	ie	iao	iou　[-iu]
(ya)	(ye)	(yao)	(you)
ua	uo	uai	uei　[-ui]
(wa)	(wo)	(wai)	(wei)`
üe			
(yue)			

（四）鼻母音　▶5

an	en	ang	eng	ong
ian	in	iang	ing	iong
(yan)	(yin)	(yang)	(ying)	(yong)
uan	uen　[-un]	uang	ueng	
(wan)	(wen)	(wang)	(weng)	
üan	ün			
(yuan)	(yun)			

☞　（　）の中の綴り方は上の母音が単独で音節を構成する時の綴り方である。
　　iou uei uen の前に子音があった時、-iu -ui -un と綴る。

（五）字調（単音節の声調）　▶6

　　字調とは単音節の漢字の声調である。字調記号がピンインの主な母音の上につけられ
る。辞書や教科書などは1つの単語であることを示すため、2つ以上の音節をくっつけ
て綴られている。例：Rìběn　Zhōngguóhuà

（1）字調のグラフ

（2）字調の高さと字調記号

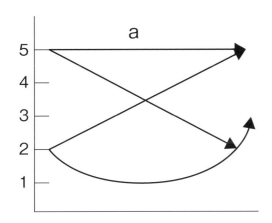

第一声	5→5	—
第二声	2→5	╱
第三声	2→1→3	✓
第四声	5→2	╲

一声（5→5）　　　：妈 mā　平らに高く発音する。

二声（2→5）　　　：麻 má　低い音からスムーズに高い音へ引き上げる。

三声（2→1→3）：马 mǎ　2の高さの音から1まで引き下げ、そこから3まで上がる。

四声（5→2）　　　：骂 mà　5から2まで、一気に引き下げる。

☞　字調記号の付け方

① 字調記号を母音の上に付ける。

② iの上に字調記号を付ける時、iの上の点を取ってから、字調記号を付ける。

③ üの前にjqxが来たらüの上の2つの点を取ってから、字調記号を付ける。したがって、üe üan ün も同様である。

④ 音節の中に2つの単母音がある場合、aがあればaの上、aがなければoかeの上に字調記号を付ける。

⑤ –iu と –ui に字調記号を付ける場合、いずれも後ろの母音につける。

単音節の発音練習

1. 単母音と子音　🔊7

bā － pā　　　　gé － ké　　　　dǔ － tǔ　　　　xì － shì

lī － nī　　　　mó － fó　　　　hǔ － fú　　　　lì － rì

jī － zhī　　　　cí － qí　　　　nǔ － lǔ　　　　chè － shè

zū － jū　　　　qí － chí　　　　sǐ － xǐ　　　　jì － jù

2. 二重母音、三重母音と子音 🔊 8

bāi − pāi	dáo − táo	hǒu − fǒu	liè − niè
huī − fēi	péi − féi	guǒ − huǒ	nüè − lüè
jiā − xiā	jié − qié	qiǔ − xiǔ	jiào − qiào
zāo − zhāo	cái − chái	sǒu − shǒu	lòu − ròu

3. 鼻母音と子音 🔊 9

mān − fān	nín − lín	jiǎn − qiǎn	wèng − wàng
jīn − zhēn	qún − xún	zǒng − sǒng	cèng − chèng
duān − tuān	háng − fáng	xǐng − shěng	niàng − liàng
xiān − jiān	xiáng − qiáng	yǒng − jiǒng	guàng − kuàng

二　二音節　🔊 10

（一）詞調（二音節の声調）

　　詞調とは2つあるいは2つ以上の音節から構成された単語の調子で、詞調記号は漢字の上につける。詞調は2種類があり、全声と半声で、長いのは全声で、短いのは半声である。

（1）全声と半声のグラフ　　　　　　　（2）詞調の高さと詞調記号

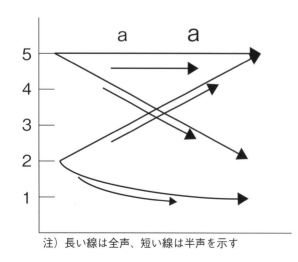

注）長い線は全声、短い線は半声を示す

全一声	5 → 5	ー
半一声	4.5 → 4.5	-
全二声	2 → 5	／
半二声	2.5 → 4	／
全三声	2 → 1	＼
半三声	1.5 → 1	＼
全四声	5 → 2	＼
半四声	4 → 2.5	＼

(3) 第三声の変調 ▶11

第三声は第一声、二声、四声と一緒になったら半声になる。

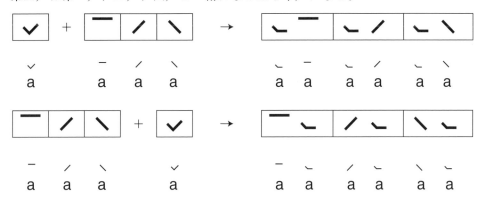

第三声が連続する場合、前の方が二声となり、最後が半声になる。

(4) 二音節の詞調記号とその例 ▶12

2つの音節が一緒になったら、必ず1つが半声になる。
全三声の前に半三声または半三声の前に全三声がある場合、いずれも前の方が半二声または
は全二声になる。

（二）軽　声　▶ 13

　　軽声とは他の音節の後にあり、元の声調が分からないように軽く、短く発音する音節である。軽声には声調記号を付けないが、本教科書は詞調として漢字の上に「・」を付ける。

（1）軽声のグラフ

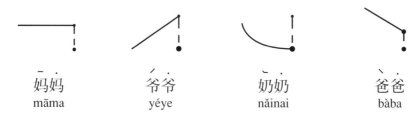

| 妈妈 | 爷爷 | 奶奶 | 爸爸 |
| māma | yéye | nǎinai | bàba |

（2）軽声の音節を用いる単語は場合によって、意味を区別する働きがある。

东西　---　东西　　　　　地道　---　地道
dōngxī　　　dōngxi　　　　dìdào　　　dìdao

二音節の単語の発音練習

1. 半全パターン　▶ 14

| 交通 | 家庭 | 思想 | 音乐 |
| jiāotōng | jiātíng | sīxiǎng | yīnyuè |

| 国家 | 食堂 | 牛奶 | 学校 |
| guójiā | shítáng | niúnǎi | xuéxiào |

| 小说 | 宝石 | 手表 | 百货 |
| xiǎoshuō | bǎoshí | shǒubiǎo | bǎihuò |

| 故乡 | 树林 | 妇女 | 电视 |
| gùxiāng | shùlín | fùnǚ | diànshì |

2. 全半パターン　▶ 15

| 春天 | 心情 | 方法 | 商业 |
| chūntiān | xīnqíng | fāngfǎ | shāngyè |

| 明天 | 人民 | 词典 | 职业 |
| míngtiān | rénmín | cídiǎn | zhíyè |

| 比方 | 祖国 | 领导 | 理论 |
| bǐfāng | zǔguó | lǐngdǎo | lǐlùn |

| 画家 | 太阳 | 作者 | 会议 |
| huàjiā | tàiyáng | zuòzhě | huìyì |

3. 全軽パターン ▶16

兄弟	朋友	老婆	丈夫
xiōngdi	péngyou	lǎopo	zhàngfu

玻璃	葡萄	喇叭	蚂蚱
bōli	pútao	lǎba	màzha

刀子	盘子	起子	筷子
dāozi	pánzi	qǐzi	kuàizi

丫头	石头	骨头	木头
yātou	shítou	gǔtou	mùtou

什么	怎么	这么	那么
shénme	zěnme	zhème	nàme

三 アル化音

ピンインの音節の後ろに"r"をつけると、アル化音節になる。漢字の場合はアル化される漢字の後に"儿"という字をつける。

（一） 非アル化音とアル化音の対照 ▶17

歌 ---	歌儿	驴 ---	驴儿	米 ---	米儿	布 ---	布儿
gē+r	gēr	lǘ+r	lǘr	mǐ+r	mǐr	bù+r	bùr

画 ---	画儿	点 ---	点儿	尖 ---	尖儿	亮 ---	亮儿
huà+r	huàr	diǎn+r	diǎnr	jiān+r	jiānr	liàng+r	liàngr

面 ---	面儿	信 ---	信儿	头 ---	头儿	天 ---	天儿
miàn+r	miànr	xìn+r	xìnr	tóu+r	tóur	tiān+r	tiānr

这 ---	这儿	那 ---	那儿	哪 ---	哪儿		
zhè+r	zhèr	nà+r	nàr	nǎ+r	nǎr		

（二）非アル化音とアル化音の意味、品詞性質の区別

　　　アル化される単語は意味あるいは品詞の性質を区別することができる。

例：　　白面　　------　白面儿　　画　------　画儿
　　　　báimiàn　　　　　báimiàr　　huà　　huàr

　　　　一　点　　------　一点儿　　花　------　花儿
　　　　yī　diǎn　　　　　yìdiǎnr　　huā　　huār

$$\boxed{\text{アル化音の練習}}$$

1. 単音節アル化音　▶18

根儿	猴儿	色儿	架儿	村儿	鱼儿	本儿	帽儿
gēnr	hóur	shǎir	jiàr	cūnr	yúr	běnr	màor

烟儿	帘儿	纸儿	棍儿	珠儿	苗儿	影儿	印儿
yānr	liánr	zhǐr	gùnr	zhūr	miáor	yǐngr	yìnr

2. 非アル化音とアル化音　▶19

三十	---	三十儿	水星	---	水星儿
sānshí		sānshír	shuǐxīng		shuǐxīngr

有　门	---	有门儿	没　头	---	没头儿
yǒu mén		yǒuménr	méi tóu		méitóur

一　块	---	一　块儿	一　片	---	一　片儿
yí kuài		yí kuàir	yí piàn		yí piànr

四 "不" と "一" の変調
(一) "不" の変調 ▶20

(1) "不" で第一、二、三声の単音節の動詞、形容詞を単純否定する場合、"不" が半四声に変化する。字調の第三声が詞調の全三声に変化する。

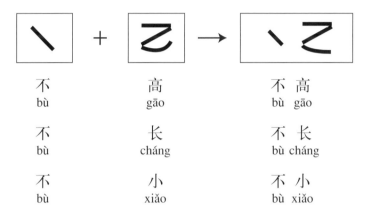

不 bù	高 gāo	不 高 bù gāo
不 bù	长 cháng	不 长 bù cháng
不 bù	小 xiǎo	不 小 bù xiǎo

(2) "不" で第四声の単音節の動詞、形容詞を単純否定する場合、"不" が半二声に変化する。

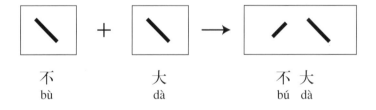

| 不 bù | 大 dà | 不 大 bú dà |

(3) "不" と第一、二、三声の単音節の動詞、形容詞の組み合わせで否定の意思を示す場合、"不" は全四声のままで変化しない。後ろの動詞、形容詞は半声に変化する。

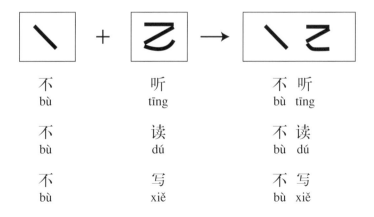

不 bù	听 tīng	不 听 bù tīng
不 bù	读 dú	不 读 bù dú
不 bù	写 xiě	不 写 bù xiě

(4) "不" と第四声の単音節の動詞、形容詞の組み合わせで否定の意思を示す場合、"不" は全
二声に変化し、後ろの動詞、形容詞は半四声に変化する。

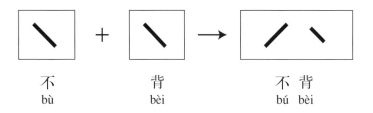

不　　　　　背　　　　　　　　不　背
bù　　　　　bèi　　　　　　　bú　bèi

(二) "一" の変調　▶ 21

(1) "一" の後に量全体を表す第一、二、三声の量詞が続くと "一" が半四声に変化し、後ろ
に来る音節の字調の第三声が詞調の全三声に変化する。

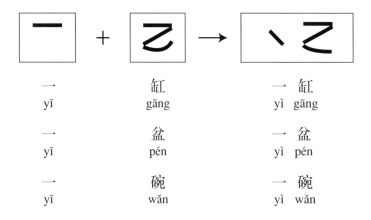

一　　　　　缸　　　　　　　　一　缸
yī　　　　　gāng　　　　　　　yì　gāng

一　　　　　盆　　　　　　　　一　盆
yī　　　　　pén　　　　　　　 yì　pén

一　　　　　碗　　　　　　　　一　碗
yī　　　　　wǎn　　　　　　　 yì　wǎn

(2) "一" の後に量全体を表す第四声の量詞が続くと "一" が半二声に変化する。

一　　　　　个　　　　　　　　一　个
yī　　　　　gè　　　　　　　　yí　gè

(3) "一" が個数を表す場合、後に第一、二、三声の単音節の量詞が続くと "一" が全四声に変化し、後ろの量詞が半声になる。

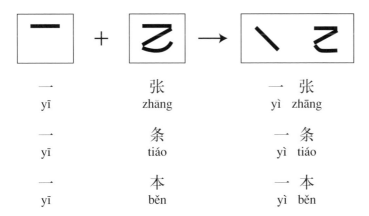

一 yī	张 zhāng	一 张 yì zhāng
一 yī	条 tiáo	一 条 yì tiáo
一 yī	本 běn	一 本 yì běn

(4) "一" が個数を表す場合、後に第四声の単音節の量詞が続くと "一" が全二声に変化する。

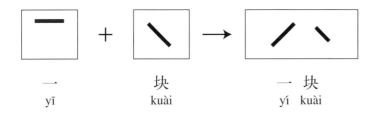

| 一
yī | 块
kuài | 一 块
yí kuài |

☞ ① 副詞 "不" と数詞 "一" は後の音節の声調によって変化する。
　② 本教科書は変化した後の声調記号をつけることにした。

(三) "一" の本来の読み方と特別な読み方 ▶22

(1) "一" は単独で読む時、序数、順番、固有名詞、或いは単語の後ろの音節である場合、第一声のままで発音する。

一九一一 年　　　一 月　　　一 号
yī jiǔ yī yī nián　　yī yuè　　yī hào

第 一　　　一 楼　　　一 点　　　一 级
dì yī　　yī lóu　　yī diǎn　　yī jí

一休　　　健一　　　五一　　　十一
Yīxiū　　Jiànyī　　Wǔyī　　Shíyī

专一　　　逐一　　　统一　　　万一
zhuānyī　　zhúyī　　tǒngyī　　wànyī

(2) 序数

零	一	二	三	四	五	六	七	八	九	十
líng	yī	èr	sān	sì	wǔ	liù	qī	bā	jiǔ	shí

(3) "一"は三桁以上の番号の場合、yāo で発音する。

0081 - 3 - 1579 - 6421

líng líng bā yāo － sān － yāo wǔ qī jiǔ － liù sì èr yāo

"不" と "一" の変調の発音練習

1. "不" の変調 ▶ 23

(1)
不酸　　不甜　　不苦　　不辣
bùsuān　butián　bùkǔ　búlà

不依　　不移　　不已　　不易
bùyī　bùyí　bùyǐ　búyì

不说　　不谈　　不喊　　不叫
bùshuō　bùtán　bùhǎn　bújiào

不兴　　不行　　不醒　　不幸
bùxīng　bùxíng　bùxǐng　búxìng

(2)
不干不净　　　不闻不问　　　不大不小
bùgānbújìng　bùwénbúwèn　búdàbùxiǎo

不三不四　　　不知不觉　　　不疼不痒
bùsānbúsì　bùzhībùjué　búténgbùyǎng

2. "一" の変調 ▶24

(1)

一 张	一 瓶	一 本	一 件
yì zhāng	yì píng	yì běn	yí jiàn

一般	一齐	一举	一定
yìbān	yìqí	yìjǔ	yídìng

一 包儿	一 盒儿	一 筒儿	一 罐儿
yì bāor	yì hér	yì tǒngr	yí guànr

一千	一十	一百	一万
yìqiān	yìshí	yìbǎi	yíwàn

(2)

一丝一毫	一心一意	一早一晚
yìsīyìháo	yìxīnyíyì	yìzǎoyìwǎn

一朝一夕	一五一十	一一得一
yìzhāoyìxī	yìwǔyìshí	yīyīdéyī

三音節単語のパターンと発音練習 ▶25

半半全	半全半	全半半
收音机	士大夫	中国人
shōuyīnjī	shìdàfū	Zhōngguórén
天安门	土财主	男同学
Tiān'ānmén	tǔcáizhǔ	nántóngxué

全半軽	半全軽	半軽全	全軽半
三孙子	三孙子	差不多	大不了
sānsūnzi	sānsūnzi	chàbuduō	dàbuliǎo
为什么	金戒指	兜兜裤	来得及
wèishénme	jīnjièzhi	dōudoukù	láidejí

15

1. e ▶ 26

鹅，鹅，鹅，
É,　é,　é,

ガチョウ、ガチョウ、ガチョウ、

不慎　掉下　河。
búshèn　diàoxià　hé.

うっかり川に落ちた。

虽说　不　口渴，
Suīshuō　bù　kǒukě,

喉は渇いてないのに、

可　水　没　少　喝。
kě　shuǐ　méi　shǎo　hē.

沢山の水を飲んだ。

（陳洲挙編）

2. ü—u ▶ 27

有　个　女的，
Yǒu　gè　nǚde,

ある女性、

穿　身儿　绿的，
chuān　shēnr　lùde,

緑の服着て、

骑　条　母驴，
qí　tiáo　mǔlǘ,

メスロバに乗って、

不知　上　哪儿　去?
bùzhī　shàng　nǎr　qù?

どこへ行くのかわからない。

（陳洲挙編）

3. d—t　b—p ▶ 28

兔　妈　怕　肚　大，
Tù　mā　pà　dù　dà,

うさぎの母さん太りたくなくて、

地　里　把　草　拔。
dì　lǐ　bǎ　cǎo　bá.

地面の草を引き抜く。

兔　爸　怕　肚　大，
Tù　bà　pà　dù　dà,

うさぎの父さん太りたくなくて、

一边　吃　草　一边　爬。
yìbiān　chī　cǎo　yìbiān　pá.

草を食べながら這った。

（陳洲挙編）

4. zh—ch—sh—r ▶29

日头　晒　人　肉，
Rìtou　shài　rén　ròu,

太陽の光が身体を突き刺し、

晒得　直　冒　油。
shàide　zhí　mào　yóu.

油が出るほど焼く。

苍天　不　作美，
Cāngtiān　bú　zuòměi,

神様は意地悪で、

着实　使　人　愁。
zhuóshí　shǐ　rén　chóu.

本当に人を憂鬱にさせる。

（陳洲挙編）

5. ao—uo ▶30

秋天　穿　夹袄，
Qiūtiān　chuān　jiá'ǎo,

秋に<ruby>裌<rt>あわせ</rt></ruby>を着て、

冬天　穿　棉袍。
dōngtiān　chuān　miánpáo.

冬に長い綿入れを着る。

秋天　穿　棉袍　要　上火，
Qiūtiān　chuān　miánpáo　yào　shànghuǒ,

秋に長い綿入れを着てのぼせ、

冬天　穿　夹袄　会　感冒。
dōngtiān　chuān　jiá'ǎo　huì　gǎnmào.

冬に<ruby>裌<rt>あわせ</rt></ruby>を着て風邪をひく。

（陳洲挙編）

6. n—ng ▶31

江里　一　条　船，
Jiānglǐ　yì　tiáo　chuán,

河に1隻の船があり、

船上　有　张　床。
chuánshàng　yǒu　zhāng　chuáng.

船上にはベッドがある。

床身　溅满　水，
Chuángshēn　jiànmǎn　shuǐ,

ベッドが浸水してるのは、

只因　船　短　床　长。
zhǐyīn　chuán　duǎn　chuáng　cháng.

船体は短くベッドが長いからだ。

（陳洲挙編）

17

7. un—ün 🔊 32

村　东　一　群　人，
Cūn　dōng　yì　qún　rén,

村の東には人の群れがあり、

村　西　人　一　群。
cūn　xī　rén　yì　qún.

村の西にも人が群れている。

一　群　人　里　孙子　结婚，
Yì　qún　rén　lǐ　sūnzi　jiéhūn,

群れがある所では孫が結婚、

人　一　群　中　外孙　参军。
rén　yì　qún　zhōng　wàisūn　cānjūn.

人が群れている所で外孫が入隊。

结婚　的　是　张　俊，
Jiéhūn　de　shì　Zhāng　Jùn,

結婚するのは張俊、

参军　的　叫　李　勋。
cānjūn　de　jiào　Lǐ　Xūn.

入隊するのは李勲。

（陳洲挙編）

8. s—sh 🔊 33

四　是　四，
Sì　shì　sì,

四は四、

十　是　十。
shí　shì　shí.

十は十。

十四　是　十四，
Shísì　shì　shísì,

十四は十四、

四十　是　四十。
sìshí　shì　sìshí.

四十は四十。

本　編

品詞名表示法

省略	日本語	中国語
（名）	名詞	名词
（固有）	固有名詞	专有名词
（動）	動詞	动词
（離合）	離合動詞	离合动词
（助動）	助動詞	能愿动词
（副）	副詞	副词
（前置）	前置詞	介词
（代）	代名詞	代词
（形）	形容詞	形容词
（数）	数詞	数词
（量）	量詞	量词
（接続）	接続詞	连词
（助）	助詞	助词
（間投）	間投詞	叹词
（擬音）	擬音詞	拟声词
（接尾）	接尾詞	后缀
（成）	成語	成语

第1课　　问　候 ＜あいさつ＞

34 A こんにちは！

你 好！ ／ 您 好！
Nǐ hǎo! / Nín hǎo!

B みなさんこんにちは。

你们 好！ ／ 大家 好！
Nǐmen hǎo! / Dàjiā hǎo!

A ありがとう。

谢谢！ ／ 多谢！
Xièxie! / Duōxiè!

B いいえ、どういたしまして。

不谢！ ／ 不客气！
Búxiè! / Búkèqi!

A すみません。

对不起！ ／ 不好意思。
Duìbuqǐ! / Bùhǎoyìsi.

B かまいません。

没关系！ ／ 没事儿！
Méiguānxi! / Méishìr!

A さようなら！

再见！ ／ 拜拜！
Zàijiàn! / Báibái!

B のちほど会いましょう。

回头 见！ ／ 一会儿 见！
Huítóu jiàn! / Yíhuìr jiàn!

A はじめまして、どうぞ宜しく。

初次 见面，请 多 关照。
Chūcì jiànmiàn, qǐng duō guānzhào.

B こちらこそ。

彼此，彼此。
Bǐcǐ, bǐcǐ.

新出単語 35

第～	dì～	（名）
课	kè	（名）
问候	wènhòu	（動）
你	nǐ	（代）
好	hǎo	（形）
您	nín	（代）
～们	～men	（接尾）
大家	dàjiā	（代）
谢谢	xièxie	（動）
多谢	duōxiè	（動）
不谢	búxiè	（動）
不客气	búkèqi	（動）
对不起	duìbuqǐ	（動）
不好意思	bùhǎoyìsi	（形）
没关系	méiguānxi	（動）
没事儿	méishìr	（動）
再见	zàijiàn	（動）
拜拜	báibái	（動）
回头	huítóu	（副）
见	jiàn	（動）
一会儿	yíhuìr	（名）
初次	chūcì	（名）
见面	jiànmiàn	（動）
请	qǐng	（動）
多	duō	（副）
关照	guānzhào	（動）
彼此	bǐcǐ	（代）

注　釈

1. 您「あなた」

　　人称代詞 "你" の敬称で、複数形は "你们" という。

2. 〜们「〜たち」

　　人称代詞の複数形である。

　　我们 wǒmen 私たち　　　　你们 nǐmen あなたたち　　　　他们 tāmen 彼ら

　　她们 tāmen 彼女ら　　　　咱们 zánmen 私たち

3. 请多关照「どうぞよろしく」

　　動詞 "请" は文頭や動詞の前につけて、「どうぞ〜して下さい」という意味になる。

1. <u>您</u>好!

    a. 老师 lǎoshī / 先生

    b. 同学们 tóngxuémen / みなさん（クラスメートたち）

    c. 早上 zǎoshang / 朝

    d. 晚上 wǎnshang / 夜

2. <u>回头见</u>!

    a. 下午 xiàwǔ / 午後

    b. 晚上 wǎnshang / 夜

    c. 明天 míngtiān / 明日

    d. 后天 hòutiān / 明後日

まとめ ▶ 37

＊人称代詞と疑問名詞

	人称代詞			疑問名詞
	1 人称	2 人称	3 人称	
単数	我 wǒ（私）	你 nǐ（あなた） 您 nín（あなた）	他 tā（彼） 她 tā（彼女）	谁 shéi（誰）
複数	我们 wǒmen（私たち） 咱们 zánmen（私たち）	你们 nǐmen（あなたたち）	他们 tāmen（彼ら） 她们 tāmen（彼女ら）	

● "您" は "你" の丁寧な言い方。"您们" とはいわない。

● "咱们" は聞き手を含む。

＊ "好" を用いる挨拶表現

你 好！／您 好！（こんにちは！）
Nǐ hǎo! ／ Nín hǎo

老师 好！ （先生，こんにちは！）	师母 好！（奥さんこんにちは！）
Lǎoshī hǎo!	Shīmǔ hǎo!
你们 好！／大家好！（みなさんこんにちは！）	早上 好！（おはようございます！）
Nǐmen hǎo! ／ Dàjiā hǎo!	Zǎoshang hǎo!
中午 好！／下午 好！（こんにちは！）	晚上 好！（こんばんは！）
Zhōngwǔ hǎo!/Xiàwǔ hǎo!	Wǎnshang hǎo!

【挨拶言葉】

「ニイハオ」は中国語で一番よく使われる挨拶の言葉である。なんといっても朝から晩まで使えるから、とても便利。とはいっても、親しい人やしょっちゅう会う人にはあまり使わない。たいていは、「どこ行くの？」とか、「仕事終わった？」、「犬の散歩だよね？」というふうにいう。聞かれた人も適当に答えて、さっとすれ違うというのもよく見かける。それから、お互いの名前をよびあうだけでも一種の挨拶にもなる。

第2课　姓　名 ＜名前＞

A　お名前は。

您　贵姓?
Nín guìxìng?

B　私は林と申します、日本人です。

我　姓　林，是　日本人。
Wǒ xìng Lín, shì Rìběnrén.

A　あなたの苗字は何ですか。名前は何ですか。

你　姓　什么?　叫　什么　名字?
Nǐ xìng shénme? jiào shénme míngzi?

B　私の苗字は中山で、中山麻里といいます。

我　姓　中山，叫　中山　麻里。
Wǒ xìng Zhōngshān, jiào Zhōngshān Málǐ.

A　あの方は北村哲さんでいらっしゃいますか？

那　是　北村　哲　先生　吗?
Nà shì Běicūn Zhé xiānsheng ma?

B　はい、彼は北村です。

对，他　是　北村。
Duì, tā shì Běicūn.

A　王さん、この方は王さんの奥さんですか。

老　王，这　位　是　王　太太　吗?
Lǎo Wáng, zhèi wèi shì Wáng tàitai ma?

B　いいえ、彼女は私の奥さんではありません。

不，她　不　是　我　太太。
Bù, tā bú shì wǒ tàitai.

A　李さんはどの国の方ですか。

李　小姐　是　哪　国　人?
Lǐ xiǎojiě shì nǎ guó rén?

B　私は韓国人です。

我　是　韩国人。
Wǒ shì Hánguórén.

新出単語

姓名	xìngmíng	（名）
贵姓	guìxìng	（名）
我	wǒ	（代）
姓	xìng	（動）
林	Lín	（固有）
是	shì	（動）
日本人	Rìběnrén	（名）
什么	shénme	（代）
叫	jiào	（動）
什么～	shénme～	（代）
名字	míngzi	（名）
中山	Zhōngshān	（固有）
麻里	Málǐ	（固有）
那	nà /nèi	（代）
北村哲	Běicūn Zhé	（固有）
～先生	~xiānsheng	（名）
～吗	~ma	（助）
对	duì	（形）
他	tā	（代）
老～	lǎo~	（形）
王	Wáng	（固有）
这	zhè / zhèi	（代）
～位	~wèi	（量）
～太太	~tàitai	（名）
不	bù	（副）
她	tā	（代）
不～	bù~	（副）
李	Lǐ	（固有）
～小姐	~xiǎojiě	（名）
哪	nǎ / něi	（代）
国	guó	（名）
人	rén	（名）
韩国人	Hánguórén	（固有）

注　釈

1. **贵姓**「お名前は」
   丁寧に相手の姓を尋ねる時に用いる。

2. **姓〜**「〜という」
   "姓" は動詞で、苗字をいう時に用いる。

3. **是**「〜は〜である」
   "是" は動詞で、否定は "不是" となる。

4. **什么**「何」
   疑問代詞。

5. **叫〜**「〜という」
   "叫" は動詞で、フルネームや名前をいう時に用いる。

6. **什么** + 名詞「どういう〜 / 何の〜」

7. **那**「あれ / それ」
   今回では人間を指すので、「そちら / その方」という意味になる

8. **〜先生**「〜さん」
   男性に対する敬称。

9. **〜吗?**「〜か」
   質問、疑問を表す語気助詞。使う時、必ず "?" を伴う。

10. **对**「そうです / そのとおりだ」
    応答に用いる。

11. **老王**「王さん」
    中国人1字の姓の前につけて呼称とする。年配の人、あるいは年配の人同士の間に使用する。
    親しみを込める表現。

12. **王太太**「王奥さん」
    "太太" は一般に奥さんのことを指し、夫の姓を冠して用いる。

13. **不**「いいえ」
    単独に使う時、相手の話を否定する。

14. **不〜**「〜しない / 〜ではない」
    動詞や形容詞の前に置かれて否定を表す。

15. **我太太**「私の家内」
    人称代詞が名詞を修飾するときについては、第6課の注釈1を参照。

16. **〜小姐**「〜さん」
    未婚の若い女性に対する敬称。

17. **哪国**「どの国 / どちらの国」
    "国" は量詞として使われている。

1. 我姓<u>林</u>。

    a. 铃木 Língmù / 鈴木

    b. 青山 Qīngshān / 青山

    c. 松本 Sōngběn / 松本

    d. 高桥 Gāoqiáo / 高橋

2. (我)叫<u>中山麻里</u>。

    a. 小泽征尔 Xiǎozé Zhēng'ěr / 小澤征爾

    b. 夏目漱石 Xiàmù Shùshí / 夏目漱石

    c. 寅次郎 Yíncìláng / 寅次郎

    d. 山口百惠 Shānkǒu Bǎihuì / 山口百恵

3. 这是王<u>太太</u>吗?

    a. 夫人 fūrén / 奥さん

    b. 女士 nǚshì / ～さん（レディー）

    c. 同学 tóngxué / ～さん（クラスメート）

    d. 师傅 shīfu / ～さん（職人の先輩）

4. <u>李小姐</u>是哪国人?

    a. 您 nín / あなた

    b. 她 tā / 彼女

    c. 你们 nǐmen / あなたたち

    d. 他们 tāmen / 彼ら

5. 我是<u>韩国</u>人。

    a. 美国 Měiguó / アメリカ

    b. 俄国 Éguó / ロシア

    c. 意大利 Yìdàlì / イタリア

    d. 印度 Yìndù / インド

＊指示代詞と疑問代詞——事物を示す場合

指示代詞		疑問代詞
これ / それ / この / その	あれ / それ / あの / その	どれ / どの
这 zhè/zhèi 这个 zhègè	那 nà/nèi 那个 nàgè	哪 nǎ/něi 哪个 nǎgè

＊「～さん」の表現

～先生：名前や苗字の後ろにつき、成年男性に使う敬称。

王先生 Wáng xiānsheng

～太太：苗字の後ろにつき、その姓の男性の奥さんに使う敬称。

王太太 Wáng tàitai

～小姐：名前や苗字の後ろにつき、未婚女性に使う敬称。

王小姐 Wáng xiǎojiě

老～　：単音節の苗字をつけ、年配の方に親しみを込めて使う呼称。

老王 lǎo Wáng

小～　：単音節の苗字をつけ、若者に親しみを込めて使う呼称。

小王 xiǎo Wáng

【苗字】

　自分の名前を紹介するのは交流が始まる第一歩として大切なことである。中国人が自分の名前を紹介する時、漢字1つ1つの説明をするのはふつうである。なぜなら、同じ発音の漢字がたくさんあるからである。

　漢民族は1文字の姓が多いが，"司马 Sīmǎ"、"欧阳 Ōuyáng"などのような2文字の姓もある。ちなみに女性は結婚しても姓が変わらず、子供は一般的に父方の姓を名乗る。

第3课　身　份 ＜身分＞

42 A 山本先生、この方は……

山本　老师，这 位 是……
Shānběn lǎoshī, zhèi wèi shì……

B こちらは上野校長です。

这 位 是 上野　校长。
Zhèi wèi shì Shàngyě xiàozhǎng.

A あなたも中国人の留学生でしょう。

你 也 是 中国　留学生 吧?
Nǐ yě shì Zhōngguó liúxuéshēng ba?

B はい。田中教授、こんにちは！

是。 田中　教授，您 好!
Shì. Tiánzhōng jiàoshòu, nín hǎo!

A あなたは高校生ですか、それとも大学生ですか。

你 是　高中生，　还是　大学生?
Nǐ shì gāozhōngshēng, háishì dàxuéshēng?

B 私は大学生です。

我 是　大学生。
Wǒ shì dàxuéshēng.

A お尋ねしますが、どちら様ですか。

请问，　您 是 哪 位?
Qǐngwèn, nín shì něi wèi?

B 私はテレビ局の陳です。

我 是 电视台 的 小　陈儿。
Wǒ shì diànshìtái de Xiǎo Chénr.

A もしもし、楊社長ですか。

喂，是 杨 总经理 吗?
Wéi, shì Yáng zǒngjīnglǐ ma?

B 私は楊社長ではなく、秘書の高です。

我 不 是 杨 总，是 高 秘书 啊!
Wǒ bú shì Yáng zǒng, shì Gāo mìshu a!

新出単語　43

身份	shēnfèn	（名）
山本	Shānběn	（固有）
老师	lǎoshī	（名）
上野	Shàngyě	（固有）
校长	xiàozhǎng	（名）
也～	yě～	（副）
中国	Zhōngguó	（固有）
留学生	liúxuéshēng	（名）
～吧	～ba	（助）
田中	Tiánzhōng	（固有）
教授	jiàoshòu	（名）
高中生	gāozhōngshēng	（名）
还是	háishì	（接続）
大学生	dàxuéshēng	（名）
请问	qǐngwèn	（動）
电视台	diànshìtái	（名）
～的～	～de～	（助）
小～	xiǎo～	（形）
陈	Chén	（固有）
喂	wèi / wéi	（間投）
杨	Yáng	（固有）
总经理	zǒngjīnglǐ	（名）
～总	～zǒng	（名）
高	Gāo	（固有）
秘书	mìshu	（名）
～啊	～a	（助）

注 釈

1. 也「～も～」
   副詞 "也" を動詞または形容詞の前に置く。

2. 中国留学生「中国人の留学生」
   国名が名詞を修飾する場合、その名詞に直接繋ぐ。

3. ～吧？「～でしょう」
   文末に "？" を伴う時、推量を表す。

4. 是「はい、そうです」
   単独で用いる時、肯定の返事になる。

5. 是～，还是～？「～ですか、それとも～ですか」
   選択疑問文の構文を作る。

6. 请问「お伺いします」
   物事を丁寧に尋ねる時に用いる。

7. 哪位「どちら様 / どなた」
   丁寧な聞き方である。"位" は量詞で、尊敬の意を示す。

8. ～的～「～の～」
   構造助詞。名詞を修飾する時に用いる。

9. 小陈儿「陳さん」
   "小" を単音節苗字の前に置いて、親しみを込める表現で、「（若者の）～さん」という意味である。習慣的には一部の姓をアル化する。

10. 喂「もしもし」
    電話をかける時（ふつう第二声）や呼びかけ（ふつう第四声）に用いる。

11. 杨总经理「楊社長」
    「"姓" ＋肩書き」の形で呼び掛けに用いる。

12. 杨总
    肩書きの言葉の最初の１文字の前に苗字をつけて、呼び掛けることが今の流行である。

1. 这位是上野校长。
   - a. 大夫　dàifu / お医者さん
   - b. 护士长　hùshizhǎng / 看護婦長
   - c. 老板　lǎobǎn / 店主
   - d. 总理　zǒnglǐ / 総理

2. 你也是中国留学生吧?
   - a. 朋友　péngyou / 友だち
   - b. 代表　dàibiǎo / 代表
   - c. 学者　xuézhě / 学者
   - d. 记者　jìzhě / 記者

3. 你是高中生，还是大学生?
   - a. 硕士　shuòshì / 修士　　　　博士　bóshì / 博士
   - b. 中学生　zhōngxuéshēng / 中学生　　　　小学生　xiǎoxuéshēng / 小学生
   - c. 教授　jiàoshòu / 教授　　　　讲师　jiǎngshī / 講師
   - d. 老板　lǎobǎn / 社長　　　　员工　yuángōng / 従業員

4. 我是电视台的小陈儿。
   - a. 小李　Xiǎo Lǐ / 李さん
   - b. 小赵儿　Xiǎo Zhàor / 趙さん
   - c. 老吴　Lǎo Wú / 呉さん
   - d. 老孙　Lǎo Sūn / 孫さん

5. 我不是杨总。
   - a. 徐队　Xúduì (队长 duìzhǎng) / 徐隊長
   - b. 苏局　Sūjú (局长 júzhǎng) / 蘇局長
   - c. 于院　Yúyuàn (院长 yuànzhǎng) / 于院長
   - d. 谢导　Xièdǎo (导演 dǎoyǎn) / 謝監督

＊疑問表現

● ～吗? 「～か」

単純に質問する時用いる。

他 是　田中　吗?
Tā shì Tiánzhōng ma?

● ～吧? 「～でしょう」

話し手は「多分～だろう」と思って、質問する時用いる。

他 是　田中　吧?
Tā shì Tiánzhōng ba?

● 疑問詞＋? 「～か」

疑問詞疑問文。疑問詞を用いて質問する。

他 是 谁?
Tā shì shéi?

● ～? 「～か」

語尾を上げ、イントネーションで質問する。

他 是　田中?
Tā shì Tiánzhōng?

● (是) ～，还是～? 「～か，それとも～か」

選択疑問文。2つの選択肢から1つを選んでもらうパターン。

他 是　田中，　还是　上野?
Tā shì Tiánzhōng, háishì Shàngyě?

──【 "经理" とは】──

　　誤解を招きやすい役職名として、中国語の "经理 jīnglǐ" は、なんと「社長」、「経営者」などの意味で、つまりトップマネジメントのことを指す。一般の経理職の人と勘違いして、失礼な態度を取らないように気をつけよう。日本にも「経理」という職種があるが、中国語では "会計 kuàiji" という。日中両国とも漢字を使うので、便利であるが、あまり漢字を頼り過ぎると失敗することになる。

第4课　　日　期 ＜日にち＞

A 今日は何日、何曜日ですか。

今天 几 号? 星期 几?
Jīntiān jǐ hào? Xīngqī jǐ?

B 今日は 31 日、日曜日です。

今天 三十一 号，星期天。
Jīntiān sānshíyī hào, xīngqītiān.

A あなたの誕生日は何月何日ですか。

你 的 生日 是 几 月 几 号?
Nǐ de shēngrì shì jǐ yuè jǐ hào?

B 私の誕生日は 7 月 18 日です。

我 的 生日 七 月 十八 号。
Wǒ de shēngrì qī yuè shíbā hào.

A 昭和 57 年は 1980 何年ですか。

昭和 五十七 年 是 一九八 几 年?
Zhāohé wǔshíqī nián shì yījiǔbā jǐ nián?

B 1982 年のような気がします。

好像 是 一九八二 年。
Hǎoxiàng shì yī jiǔ bā èr nián.

A 来月の何日が旧正月ですか。

下 个 月 的 哪 天 是 春节?
Xià gè yuè de něi tiān shì chūnjié?

B 5 日が旧暦の 1 月 1 日です。

五 号，正月 初 一。
Wǔ hào, zhēngyuè chū yī.

A 先週の土曜日は何日だっけ？

上 周六 是 几 号 来着?
Shàng zhōuliù shì jǐ hào láizhe?

B 14 日、バレンタインデーだよ！

十四 号，情人节 呀!
Shísì hào, qíngrénjié ya!

日期	rìqī	（名）
今天	jīntiān	（名）
几	jǐ	（数）
～号	~hào	（名）
星期	xīngqī	（名）
星期天	xīngqītiān	（名）
生日	shēngrì	（名）
～月	~yuè	（名）
昭和	Zhāohé	（固有）
～年	~nián	（名）
好像	hǎoxiàng	（副）
下～	xià~	（名）
～个	~gè	（量）
天	tiān	（名）
春节	chūnjié	（名）
正月	zhēngyuè	（名）
初～	chū~	（形）
上～	shàng~	（名）
周～	zhōu~	（名）
周六	zhōuliù	（名）
～来着	~láizhe	（助）
情人节	qíngrénjié	（名）
～呀	~ya	（助）

注　釈

1. **今天几号?**「今日は何日ですか」
   述語の部分が名詞であれば、名詞述語文という。

2. **今天三十一号，星期天。**「今日は 31 日で、日曜日です。」
   "今天"は主語で"三十一号"と"星期天"は共通の名詞述語である。

3. **几**「いくつ」
   数を聞く時に使う。ふつう 10 以下の数字に使う。

4. **好像**「まるで…のようだ /…みたいだ /…のような気がする」

5. **〜来着**「〜だっけ」
   助詞。文末に用い、過去のはっきりしない出来事を回想する時やはっきりしない事を確認する時に用いる。

6. **〜呀**
   "呀"は"啊"の変音である。語気助詞"啊"の前の音節の母音によって変化した読み方である。

1. **今天几号？**

   a. 昨天 zuótiān / 昨日   b. 明天 míngtiān / 明日

   c. 前天 qiántiān / 一昨日   d. 后天 hòutiān / 明後日

2. **你的生日是几月几号？**

   a. 春节 Chūnjié / 春節   b. 端午节 Duānwǔjié / 端午節

   c. 情人节 Qíngrénjié / バレンタインデー   d. 母亲节 Mǔqinjié / 母の日

3. **昭和五十七年是一九八几年？**

   a. 平成元年 Píngchéng yuánnián / 平成元年

      一九几几年 yī jiǔ jǐ jǐ nián / 1900 何年

   b. 平成八年 Píngchéng bā nián / 平成 8 年

      一九九几年 yī jiǔ jiǔ jǐ nián / 1990 何年

   c. 平成十二年 Píngchéng shí'èr nián / 平成 12 年

      二○○几年 èr líng líng jǐ nián / 2000 何年

   d. 平成二十四年 Píngchéng èrshísì nián / 平成 24 年

      二○一几年 èr líng yī jǐ nián / 2010 何年

4. **下个月的哪天是春节？**

   a. 这个月 zhèi gè yuè / 今月

   b. 上个月 shàng gè yuè / 先月

   c. 上上个月 shàngshàng gè yuè / 先々月

   d. 下下个月 xiàxià gè yuè / 再来月

5. **五号正月初一。**

   a. 大年三十儿 dànián sānshír / 旧暦の大晦日

   b. 腊月二十三 làyuè èrshísān / 旧暦の 12 月 23 日

   c. 正月十五 zhēngyuè shíwǔ / 旧暦の 1 月 15 日

   d. 五月初五 wǔ yuè chū wǔ / 旧暦の 5 月 5 日

＊年月日の言い方

一九九几年？ yī jiǔ jiǔ jǐ nián?　　　一九九八年　yī jiǔ jiǔ bā nián

二〇〇几年？ èr líng líng jǐ nián?　　二〇〇四年　èr líng líng sì nián

二〇一几年？ èr líng yī jǐ nián?　　　二〇一七年　èr líng yī qī nián

● 几月？ jǐ yuè?

　一月 yī yuè／ 二月 èr yuè／ 三月 sān yuè／ 四月 sì yuè……十二月 shí'èr yuè

● 几号？ jǐ hào?

　一号 yī hào／ 二号 èr hào／ 三号 sān hào／ 四号 sì hào……三十一号 sānshíyī hào

大前天	前天	昨天	今天	明天	后天	大后天
dàqiántiān	qiántiān	zuótiān	jīntiān	míngtiān	hòutiān	dàhòutiān

＊曜日の言い方と"上／下"の使い方

● 星期几？ xīngqī jǐ?

月曜日	火曜日	水曜日	木曜日	金曜日	土曜日	日曜日
星期一 xīngqī yī	星期二 xīngqī èr	星期三 xīngqī sān	星期四 xīngqī sì	星期五 xīngqī wǔ	星期六 xīngqī liù	星期天（日） xīngqī tiān(rì)
礼拜一 lǐbài yī	礼拜二 lǐbài èr	礼拜三 lǐbài sān	礼拜四 lǐbài sì	礼拜五 lǐbài wǔ	礼拜六 lǐbài liù	礼拜天（日） lǐbài tiān(rì)
周一 zhōu yī	周二 zhōu èr	周三 zhōu sān	周四 zhōu sì	周五 zhōu wǔ	周六 zhōu liù	周日 zhōu rì

上（个）星期 shàng (gè) xīngqī（先週）　　　下（个）星期 xià (gè) xīng qī（来週）

上（个）礼拜 shàng (gè) lǐbài（先週）　　　下（个）礼拜 xià (gè) lǐbài（来週）

上周 shàng zhōu（先週）　　　　　　　　下周 xià zhōu（来週）

上个月 shàng gè yuè（先月）　　　　　　　下个月 xià gè yuè（来月）

上半年 shàng bàn nián（上半期）　　　　　下半年 xià bàn nián（下半期）

【バレンタインデーの贈り物】

　日本のバレンタインデーでは女性がボーイフレンドにチョコレートなどを贈るのが一般的であるが、最近中国では男性からガールフレンドにバラの花を贈るのが流行っている。それも99本。"久久 jiǔjiǔ"（永遠に）の意味をとるためである。花は彼女の職場に贈ることが多く、愛されていることを周囲の人に見せるためでもある。とはいっても、100本近い花は決して安いものではなく、中国の男は大変だ！

第5课　时　刻　<時刻>

A　今は何時ですか。

现在 几 点?
Xiànzài jǐ diǎn?

B　今は2時2分です。

现在 两 点 零 二 分。
Xiànzài liǎng diǎn líng èr fēn.

A　朝ごはんは何時から何時までですか。

早饭 时间 从 几 点 到 几 点?
Zǎofàn shíjiān cóng jǐ diǎn dào jǐ diǎn?

B　7時から8時45分までです。

从 七 点 到 八 点 三 刻。
Cóng qī diǎn dào bā diǎn sān kè.

A　今は午後1時にはなっていないでしょう。

现在 不 到 下午 一 点 吧?
Xiànzài bú dào xiàwǔ yī diǎn ba?

B　はい、1時5分前です。

对，差 五 分 一 点。
Duì, chà wǔ fēn yī diǎn.

A　映画は何時に始まりますか。

电影 几 点 开演?
Diànyǐng jǐ diǎn kāiyǎn?

B　お昼の12時半に開演します。

中午 十二 点 半 开演。
Zhōngwǔ shí'èr diǎn bàn kāiyǎn.

A　飛行機は何時何分に成田空港に到着しますか。

飞机 几 点 几 分 到 成田 机场?
Fēijī jǐ diǎn jǐ fēn dào Chéngtián jīchǎng?

B　夜7時ちょうどです。

晚上 七 点 整。
Wǎnshang qī diǎn zhěng.

新出単語

时刻	shíkè	（名）
现在	xiànzài	（名）
～点	~diǎn	（量）
两	liǎng	（数）
零	líng	（数）
～分	~fēn	（量）
早饭	zǎofàn	（名）
时间	shíjiān	（名）
从～	cóng~	（前置）
到～	dào~	（前置）
～刻	~kè	（量）
下午	xiàwǔ	（名）
差～	chà~	（動）
电影	diànyǐng	（名）
开演	kāiyǎn	（動）
中午	zhōngwǔ	（名）
～半	~bàn	（数）
飞机	fēijī	（名）
到	dào	（動）
成田	Chéngtián	（固有）
机场	jīchǎng	（名）
晚上	wǎnshang	（名）
～整	~zhěng	（形）

注　釈

1. **两**

   “两”は数量をいう時用いるが、順番として用いられるのは、時点をいうだけである。

2. **零**

   2つの数の間に置いて、端数の追加を示す。後ろの部分は単位が細かいことを表す。時間を
   いう時、比較的単位が大きい量（時）の後に単位が小さい量（分）が付属していることを表す。

3. **从～**「～から」

   時間の始まりや動作の起点を示す。

4. **到～**「～まで」

   その時間への到達を示す。“不到”は「～に至らない」。その時間に到達しないことを示す。

5. **电影几点开演?**「映画は何時に始まりますか」

   述語の部分が動詞であれば、動詞述語文という。“几点”は時刻を聞く時の表現で、状況語
   になる。

6. **整**「ちょうど」

   数量詞の後ろに置き、端数のないことを示す。

1. 现在<u>两点零二分</u>。

   a. 一点过五分 yī diǎn guò wǔ fēn / 1 時 5 分

   b. 三点一刻 sān diǎn yí kè / 3 時 15 分

   c. 九点半 jiǔ diǎn bàn / 9 時半

   d. 十二点整 shí'èr diǎn zhěng / ちょうど 12 時

2. <u>早饭</u>时间从几点到几点？

   a. 上课 shàngkè / 授業に出る、授業をする   b. 打工 dǎgōng / アルバイトをする

   c. 会议 huìyì / 会議   d. 营业 yíngyè / 営業

3. 现在不到<u>下午一点</u>吧？

   a. 早上八点 zǎoshang bā diǎn / 朝 8 時

   b. 中午十二点 zhōngwǔ shí'èr diǎn / 昼 12 時

   c. 半夜两点 bànyè liǎng diǎn / 夜中 2 時

   d. 晚上九点 wǎnshang jiǔ diǎn / 夜 9 時

4. <u>电影</u>几点<u>开演</u>？

   a. 京剧 jīngjù / 京劇   开场 kāichǎng / 幕開き

   b. 比赛 bǐsài / 試合   开始 kāishǐ / 始まる

   c. 宴会 yànhuì / 宴会   开 kāi / 開く

   d. 文艺节目 wényì jiémù / バラエティ番組   结束 jiéshù / 終わる

5. <u>飞机</u>几点几分到<u>成田机场</u>？

   a. 新干线 xīngànxiàn / 新幹線   大阪 Dàbǎn / 大阪

   b. 末班车 mòbānchē / 終電車   终点站 zhōngdiǎnzhàn / 終着駅

   c. 豪华船 háohuáchuán / 豪華船   横滨港 Héngbīngǎng / 横浜港

   d. 长途车 chángtúchē / 長距離バス   新宿站 Xīnsùzhàn / 新宿駅

＊時間の長さ

秒	分	15分	時間
秒（钟） miǎo (zhōng)	分（钟） fēn (zhōng)	刻（钟） kè (zhōng)	小时／钟头 xiǎoshí/zhōngtóu

日	月	週間			四半期	年
天 tiān	月 yuè	星期／礼拜／周 xīngqī／lǐbài／zhōu			季度 jìdù	年 nián

＊一日の時間帯

凌晨 língchén （明け方）	早上 zǎoshang （朝）	上午 shàngwǔ （午前）	中午 zhōngwǔ （昼）	下午 xiàwǔ （午後）	傍晚 bàngwǎn （夕方）	晚上 wǎnshang （夜）	半夜 bànyè （深夜）

＊時刻の表現

一点	两点	三点	十一点	十二点	二十点	二十四点 （零点）
yī diǎn	liǎng diǎn	sān diǎn	shíyī diǎn	shí'èr diǎn	èrshí diǎn	èrshísì diǎn （líng diǎn）

2：00　两点 liǎng diǎn

2：05　两点零五分 liǎng diǎn líng wǔ fēn

2：15　两点一刻 liǎng diǎn yí kè　　　　　两点十五分 liǎng diǎn shíwǔ fēn

2：30　两点半 liǎng diǎn bàn　　　　　　两点三十分 liǎng diǎn sānshí fēn

2：45　两点三刻 liǎng diǎn sān kè　　　　两点四十五分 liǎng diǎn sìshíwǔ fēn

2：55　差五分三点 chà wǔ fēn sān diǎn　　两点五十五分 liǎng diǎn wǔshíwǔ fēn

【時間の感覚】

　日本の面積の25倍という広大な面積を誇る中国の人は、時間の面でもかなり「大らか」である。「おおざっぱ」といってもよい。"馬上到 mǎshàng dào" は「すぐに着く」という意味であるが、待っても待っても来ないのが珍しくない。日本人の感覚と違う中国人と待ち合わせをする時には気をつけよう。とはいえ、近代化が進んでいる現在、こういうおおざっぱさもなくなりつつあるようである。

第6課　　家　庭 ＜家族＞

A　あなたの家は何人家族ですか。

你 家 有 几 口 人?
Nǐ jiā yǒu jǐ kǒu rén?

B　5人です。それから1匹の子犬がいます。

五 口 人, 还 有 一 只 小 狗。
Wǔ kǒu rén, hái yǒu yì zhī xiǎo gǒu.

A　あなたの家族構成は。

你 家 都 有 谁?
Nǐ jiā dōu yǒu shéi?

B　両親と、2人の姉と私です。

有 父 母, 两 个 姐姐 和 我。
Yǒu fùmǔ, liǎng gè jiějie hé wǒ.

A　あなたには兄弟姉妹がいますか。

你 有 兄弟姐妹 吗?
Nǐ yǒu xiōngdìjiěmèi ma?

B　兄、妹がいますが、姉、弟がいません。

有 哥哥、 妹妹, 没 有 姐姐、 弟弟。
Yǒu gēge, mèimei, méi yǒu jiějie, dìdi.

A　あなたの祖父母はあなたたちと一緒に住んでいますか。

你 爷爷、 奶奶 和 你们 一起 住 吗?
Nǐ yéye, nǎinai hé nǐmen yìqǐ zhù ma?

B　いいえ、私たちと一緒に住んでいません。

不, 不 和 我们 一起 住。
Bù, bù hé wǒmen yìqǐ zhù.

A　あなたの家はどこにありますか。

你 家 在 哪儿?
Nǐ jiā zài nǎr?

B　私の家は東京の渋谷区にあります。

我 家 在 东 京 的 涩谷 区。
Wǒ jiā zài DōngJīng de Sègǔ qū.

新出単語 ▶ 55

家庭	jiātíng	（名）
家	jiā	（名）
有	yǒu	（動）
～口	~kǒu	（量）
还	hái	（副）
～只	~zhī	（量）
小	xiǎo	（形）
狗	gǒu	（名）
都	dōu	（副）
谁	shéi/shuí	（代）
父母	fùmǔ	（名）
姐姐	jiějie	（名）
～和～	~hé~	（接続）
兄弟姐妹	xiōngdìjiěmèi	（名）
哥哥	gēge	（名）
妹妹	mèimei	（名）
没～	méi~	（副）
弟弟	dìdi	（名）
爷爷	yéye	（名）
奶奶	nǎinai	（名）
和～	hé~	（前置）
一起	yìqǐ	（副）
住	zhù	（動）
在	zài	（動）
哪儿	nǎr	（代）
东京	Dōngjīng	（固有）
涩谷	Sègǔ	（固有）
区	qū	（名）

注　釈

1. 你家「あなたの家」
   人称代詞が親族や所属する集団などの意味を表す名詞を修飾する時、一般的には日本語の「の」に相当する "的" を用いない。

   > 例：我姐姐 wǒ jiějie　　　　她们学校 tāmen xuéxiào

2. 有「いる / ある / 持つ」
   存在や所有を表す。否定形は "没有" である。

3. ～口
   "口" は量詞で、家族の人数を数える時に用いる。

4. 都「全部 / みんな」
   目的語が複数の場合や、答えが複数であることを期待して質問をする時に用いる。

5. 和「～と～」
   並列の成分が３つ以上ある場合、最後の２つの成分の間に用いる。

6. 没有「いない / ない / もっていない」
   "没" は動詞 "有" を否定する副詞で、ふつう "没有" を使うが、話す時 "有" を省略して用いることもできる。

   > 例：我没弟弟。wǒ méi dìdi.

7. 和你们一起住「あなたたちと一緒に住む」
   "和" は前置詞で、後ろに名詞や代名詞を用い、前置詞フレーズを構成し、文の中で状況語として使う。

8. 不和我们一起住。「私たちと一緒に住んでいません」
   "不" は動詞や形容詞を否定する際にその前に置くが、事柄を否定する時もその事柄を表すフレーズの前に置く。

9. 你家在哪儿?「あなたの家はどこにありますか」
   "在" は「～にある、～いる」という意味で所在を表す。ふつう、場所を表す目的語を伴い、否定は "不在"。

1. 你家有几口人？
   a. 套 tào / 軒   房间 fángjiān / 部屋
   b. 个 gè / 個   卫生间 wèishēngjiān / 御手洗い
   c. 台 tái / 台   电视 diànshì / テレビ
   d. 辆 liàng / 台   汽车 qìchē / 自動車

2. 有爸爸、妈妈、一个姐姐和我。
   a. 一个哥哥 yí gè gēge / 兄1人
   b. 两个妹妹 liǎng gè mèimei / 妹2人
   c. 三个弟弟 sān gè dìdi / 弟3人
   d. 妻子 qīzǐ / 妻

3. 你有兄弟姐妹吗？
   a. 对象 duìxiàng / 恋人
   b. 孩子 háizi / 子供
   c. 男朋友 nánpéngyou / ボーイフレンド
   d. 女朋友 nǚpéngyou / ガールフレンド

4. 你爷爷、奶奶和你们一起住吗？
   a. 一起生活 yìqǐ shēnghuó / 一緒に暮らす
   b. 住一起 zhù yìqǐ / 同じところに住む
   c. 住一块儿 zhù yíkuàir / 同じところに住む
   d. 不一起住 bú yìqǐ zhù / 一緒に住まない

5. 我家在东京的涩谷区。
   a. 新宿区 Xīnsù qū / 新宿区
   b. 自黑区 Mùhēi qū / 目黒区
   c. 港区 Gǎng qū / 港区
   d. 世田谷区 Shìtiángǔ qū / 世田谷区

＊指示代詞と疑問代詞——場所を示す場合

指示代詞		疑問代詞
ここ／そこ	あそこ／そこ	どこ
这儿 zhèr	那儿 nàr	哪儿 nǎr
这里 zhèlǐ	那里 nàlǐ	哪里 nǎlǐ

＊家族の呼び方

爷爷	奶奶	姥爷	姥姥
yéye	nǎinai	lǎoye	lǎolao
（父方の祖父）	（父方の祖母）	（母方の祖父）	（母方の祖母）

	爸爸	妈妈	
	bàba	māma	
	（父）	（母）	

哥哥	姐姐	弟弟	妹妹
gēge	jiějie	dìdi	mèimei
（兄）	（姉）	（弟）	（妹）

【同居と別居】

　中国では、農村部に住んでいる人は早く結婚するのに対し、都市部に住んでいる人は遅く結婚する傾向がある。都市部の夫婦は結婚、出産した後も共働きするのが多く、親に子供の面倒を見てもらうため、両親と同居するのが伝統的な家庭構造であった。しかし近年、親との同居を望まない若者が増えている。その理由は価値観や生活スタイルが異なる人と一緒に生活する場合、家庭内の不和が起きてしまうからである。

第7课　年　龄 ＜年齢＞

A　あなたは今年いくつですか。

你 今年 多 大?
Nǐ jīnnián duō dà?

B　私は今年19歳で、辰年です。

我 今年 十九 岁, 属 龙。
Wǒ jīnnián shíjiǔ suì, shǔ lóng.

A　お父さんはおいくつですか。

你 父亲 多 大 年纪 了?
Nǐ fùqin duō dà niánjì le?

B　彼は今年満53歳です。

他 今年 五十三 周岁。
Tā jīnnián wǔshísān zhōusuì.

A　童童ちゃんは何歳になりましたか。

童童 几 岁 了?
Tóngtong jǐ suì le?

B　2歳半になったばかりです。

刚 两 岁 半。
Gāng liǎng suì bàn.

A　あなたのボーイフレンドは20何歳ですか。

你 男朋友 二十 几?
Nǐ nánpéngyou èrshí jǐ?

B　20歳で、彼は私と同じ年です。

二十, 他 跟 我 同岁。
Èrshí,   tā gēn wǒ tóngsuì.

A　劉先生はおいくつですか。

刘 老师 有 多 大 岁数?
Liú lǎoshī yǒu duō dà suìshù?

B　たぶん37、8歳でしょう。

大概 有 三十七、八 岁 吧。
Dàgài yǒu sānshíqī, bā suì ba.

年龄	niánlíng	（名）
今年	jīnnián	（名）
多～	duō～	（副）
大	dà	（形）
～岁	～suì	（量）
属	shǔ	（動）
龙	lóng	（名）
父亲	fùqin	（名）
年纪	niánjì	（名）
～了	～le	（助）
周岁	zhōusuì	（名）
童童	Tóngtong	（固有）
刚～	gāng～	（副）
男朋友	nánpéngyou	（名）
跟～	gēn～	（接続）
同岁	tóngsuì	（形）
刘	Liú	（名）
有	yǒu	（動）
岁数	suìshu	（名）
大概	dàgài	（副）
～吧	～ba	（助）

注　釈

1. **多大?**「何歳」
   《“多”＋形容詞》の形で、「どれだけ／どれほど」という意味になる。疑問文に用いて、数量または程度を問う時に使う。

2. **属龙**「辰年」
   “属”は十二支に属するという意味で、生まれた年をいう時に用いる。

3. **多大年纪?**「おいくつですか」
   年配の方に年を尋ねる時に用いる。

4. **〜了**「〜になった」
   “了”を文末に置き、状態の変化を表す。

5. **周岁**「満年齢」
   数え年は“虚岁 xūsuì”である。

6. **几岁?**「何歳」
   子供に年齢を尋ねる時に用いる。

7. **两岁半**「2歳半」
   “半”は半分の意味で、年齢に使う時は一般的に3歳以下の赤ちゃんに限る。

8. **二十几?**「20何歳」
   相手を見てだいだいの年齢層を仮定した上で、年齢を尋ねる時に用いる。数字は“十”の倍数に限る。

9. **多大岁数?**「いくつですか」
   ふつう30歳以上の成人の年齢を聞く時に使う。

10. **有＋概数**
    推測またはその数量にまで達していることを表す。

11. **三十七、八岁**「37、8歳」
    2つの並びの数は概数を表す。

1. 我今年十九岁，<u>属龙</u>。
   - a. 属马 shǔ mǎ / 午年
   - b. 属鸡 shǔ jī / 酉年
   - c. 属鼠 shǔ shǔ / 子年
   - d. 属猴儿 shǔ hóur / 申年

2. 你<u>父亲</u>多大年纪了？
   - a. 祖母 zǔmǔ / 祖母
   - b. 祖父 zǔfù / 祖父
   - c. 外祖母 wàizǔmǔ / 母方の祖母
   - d. 外祖父 wàizǔfù / 母方の祖父

3. 刚<u>两岁半</u>。
   - a. 满八个月 mǎn bā gè yuè / まるまる 8 ヶ月
   - b. 三周岁 sān zhōusuì / 満 3 歳
   - c. 虚岁五岁 xūsuì wǔ suì / 数え歳で 5 歳
   - d. 一岁零四个月 yī suì líng sì gè yuè / 1 歳 4 ヶ月

4. 你<u>男朋友</u> / <u>二十几</u>？
   - a. 大姐 dà jiě / 1 番上の姉　　三十几 sānshí jǐ / 30 何歳
   - b. 二弟 èr dì / 2 番目の弟　　十几 shí jǐ / 10 何歳
   - c. 丈夫 zhàngfu / 夫　　　　四十几 sìshí jǐ / 40 何歳
   - d. 老伴儿 lǎobànr / 連れ合い　六十几 liùshí jǐ / 60 何歳

5. 大概有<u>三十七、八岁</u>吧。
   - a. 两、三岁 liǎng sān suì / 2、3 歳
   - b. 七、八十岁 qī bāshí suì / 7、80 歳
   - c. 四十来岁 sìshí lái suì / 40 歳ぐらい
   - d. 六十多岁 liùshí duō suì / 60 歳過ぎ

＊干支の言い方

鼠 shǔ （子）	牛 niú （丑）	虎 hǔ （寅）	兔 tù （卯）	龙 lóng （辰）	蛇 shé （巳）
马 mǎ （午）	羊 yáng （未）	猴儿 hóur （申）	鸡 jī （酉）	狗 gǒu （戌）	猪 zhū （亥）

＊年の過去と未来の表現

大前年 dàqiánnián （一昨昨年）	前年 qiánnián （一昨年）	去年 qùnián （去年）	今年 jīnnián （今年）	明年 míngnián （来年）	后年 hòunián （明後年）	大后年 dàhòunián （明明後年）

【数え年】

　“虚岁 xūsuì” という言葉は数え年という意味である。中国では数え年は誕生日と関係なく、赤ちゃんが生まれたらすぐ 1 歳になる。そして、旧正月を迎えると更に 1 歳年を取る。旧正月の 1 日前に生まれた子でも、翌日にはもう 2 歳になる。それはあまり合理的ではないが、中国の古くからの習慣の継続である。現在、日本のように満年齢で数える “周岁 zhōusuì” という方法を使う若者が増えている。

第8课　方位 ＜方位＞

A すみません、トイレはどこにありますか。

请问，厕所在哪儿?
Qǐngwèn, cèsuǒ zài nǎr?

B 男子トイレはエレベータの左側にあります。

男厕所在电梯的左边儿。
Nán cèsuǒ zài diàntī de zuǒbiānr.

A このあたりには銀行がありますか。

这附近有银行吗?
Zhè fùjìn yǒu yínháng ma?

B 交差点の東側に1つあります。

十字路口的东边儿有一个。
Shízì lùkǒu de dōngbiānr yǒu yí gè.

A 私の携帯はどこにありますか。

我的手机在哪儿呢?
Wǒ de shǒujī zài nǎr ne?

B (他でもなく)そのテーブルの上にあります。

就在那张桌子上。
Jiù zài nèi zhāng zhuōzi shàng.

A 新聞には先生の写真が載っていますか。

报纸上有老师的照片吗?
Bàozhǐ shàng yǒu lǎoshī de zhàopiàn ma?

B ありません、彼の文章しか載っていません。

没有，只有他的一篇文章。
Méi yǒu, zhǐ yǒu tā de yì piān wénzhāng.

A 駅にはどの方向へ行けばいいですか。

去车站往哪边儿走?
Qù chēzhàn wǎng něi biānr zǒu?

B まっすぐに行って、それから右へ曲がります。

一直往前走，再往右拐。
Yìzhí wǎng qián zǒu, zài wǎng yòu guǎi.

新出単語

方位	fāngwèi	(名)
厕所	cèsuǒ	(名)
男～	nán~	(形)
电梯	diàntī	(名)
左边儿	zuǒbiānr	(名)
附近	fùjìn	(名)
银行	yínháng	(名)
十字	shízì	(名)
路口	lùkǒu	(名)
东边儿	dōngbiānr	(名)
手机	shǒujī	(名)
～呢	~ne	(助)
就	jiù	(副)
～张	~zhāng	(量)
桌子	zhuōzi	(名)
～上	~shàng	(名)
报纸	bàozhǐ	(名)
照片	zhàopiàn	(名)
～篇	~piān	(量)
文章	wénzhāng	(名)
去	qù	(動)
车站	chēzhàn	(名)
往～	wǎng~	(前置)
～边	~biān	(名)
走	zǒu	(動)
一直	yìzhí	(副)
～前	~qián	(名)
再	zài	(副)
～右	~yòu	(名)
拐	guǎi	(動)

注　釈

1. **男**「男の」
   区別詞（形容詞の一種）。ふつう単独で述語にならない。

2. **方位詞＋边儿／面**
   “边儿”や“面”は「～の方／～側」という意味で、方角、位置、場所を示す単純方位詞に後置して用いられる。

3. **这附近**「このあたり」
   “附近”は量詞を持たない名詞であるため、“这个附近”とはいわない。

4. **在哪儿呢?**「どこにありますか」
   “呢”を疑問詞疑問文の文末に用い、疑問の語気を整える。

5. **就**「ほかでもなく」
   肯定を強める時に用いる。

6. **桌子上**「テーブルの上」
   《名詞＋“上”》の形で、物体の上または表面を表す。

7. **报纸上**「新聞で」
   《名詞（メディア）＋“上”》の形で、ある物事の範囲を示す。

8. **去车站往哪边走?**「駅にはどの方向へ行けばいいですか」
   “去车站”は動詞句主語として用いられている。

9. **往～**「～の方へ、～に向かって」
   方位詞と一緒に前置詞フレーズを作り、動作の向かう方向を表す。文章のなかで状況語になる。

1. 请问，<u>厕所</u>在哪儿？

    a. 餐厅 cāntīng / レストラン

    b. 邮局 yóujú / 郵便局

    c. 地铁站 dìtiě zhàn / 地下鉄駅

    d. 书店 shūdiàn / 本屋

2. <u>这附近</u>有银行吗？

    a. 这条街 zhèi tiáo jiē / この通り

    b. 大楼里 dàlóu lǐ / ビルの中

    c. 饭店周围 fàndiàn zhōuwéi / ホテル周辺

    d. 小区里 xiǎoqū lǐ / 団地内

3. 就在<u>那张桌子上</u>。

    a. 椅子底下 yǐzi dǐxià / 椅子の下

    b. 沙发上头 shāfā shàngtou / ソファの上

    c. 两张床中间 liǎng zhāng chuáng zhōngjiān / ベットとベットの間

    d. 垃圾箱旁边 lājīxiāng pángbiān / ゴミ箱のそば

4. <u>报纸上</u>有老师的照片吗？

    a. 杂志上 zázhì shàng / 雑誌に

    b. 墙报上 qiángbào shàng / 壁新聞に

    c. 电视上 diànshì shàng / テレビに

    d. 网上 wǎng shàng / ネット上に

5. 一直<u>往前走</u>，再往右拐。

    a. 往东 wǎng dōng / 東へ

    b. 往西 wǎng xī / 西へ

    c. 往东北 wǎng dōngběi / 東北へ

    d. 往西南 wǎng xīnán / 南西へ

＊方位詞

● 単純方位詞

上 shàng	下 xià	左 zuǒ	右 yòu
前 qián	后 hòu	里 lǐ	外 wài
东 dōng	南 nán	西 xī	北 běi

● 複合方位詞──単純方位詞 + 边（儿）bian(r) / 面（儿）miàn(r)

上边／上面　　下边／下面　　左边／左面　　右边／右面
前边／前面　　后边／后面　　里边／里面　　外边／外面
东边／东面　　南边／南面　　西边／西面　　北边／北面

● その他の方位詞

旁边儿 pángbiānr（傍）
中间 zhōngjiān（真ん中）
对面（儿）duìmiàn(r)（向かい側）

【東西南北】

　北京へ行ったら、道を尋ねると、北京人はよく"東西南北 dōngxīnánběi"で教えてくれる。「ここから西に行って、信号を渡ったら南に…」と教えられたら、外国人に限らず、中国の北京以外の人もチンプンカンプンである。なぜ北京人は"東西南北"を使用することを好むのかというと、北京の街は碁盤の目のようになっていて、東西南北がはっきりしているため、北京人の頭の中にしっかりと根付いているからである。

第9课　评　价 ＜評価＞

A この小説はどうですか。

这　本　小说　怎么样?
Zhèi　běn　xiǎoshuō　zěnmeyàng?

B この小説はとても面白いです。

这　本　小说　很　有意思。
Zhèi　běn　xiǎoshuō　hěn　yǒuyìsi.

A あなたの故郷の景色は綺麗ですか。

你　老家　的　风景　漂亮　吗?
Nǐ　lǎojiā　de　fēngjǐng　piàoliang　ma?

B 私たちのところの景色は凄く綺麗です。

我们　那儿　的　风景　漂亮　极　了!
Wǒmen　nàr　de　fēngjǐng　piàoliang　jí　le!

A この色はいいですか。

这　个　颜色　好　不　好?
Zhèi　gè　yánsè　hǎo　bu　hǎo?

B 私はこの色が濃すぎると思います。

我　觉得　这　种　颜色　太　深　了。
Wǒ　juéde　zhèi　zhǒng　yánsè　tài　shēn　le.

A あなたの家は駅から遠いですか。

你　家　离　车站　远　吗?
Nǐ　jiā　lí　chēzhàn　yuǎn　ma?

B 駅からあまり遠くありません。

离　车站　不太　远。
Lí　chēzhàn　bútài　yuǎn.

A あれ、あなたどうしましたか。調子が悪いのですか。

欸, 你　怎么　了? 不　舒服　吗?
Éi,　nǐ　zěnme　le?　Bù　shūfu　ma?

B 私はちょっと頭痛がするのを感じています。

我　觉得　有点儿　头疼。
Wǒ　juéde　yǒudiǎnr　tóuténg.

新出単語

评价	píngjià	（名）
～本	～běn	（量）
小说	xiǎoshuō	（名）
怎么样	zěnmeyàng	（代）
很	hěn	（副）
有意思	yǒuyìsi	（形）
老家	lǎojiā	（名）
风景	fēngjǐng	（名）
漂亮	piàoliang	（形）
～那儿	～nàr	（代）
极	jí	（形）
颜色	yánsè	（名）
好	hǎo	（形）
觉得	juéde	（動）
～种	～zhǒng	（量）
太	tài（副）…了 le（助）	
深	shēn	（形）
离～	lí～	（前置）
车站	chēzhàn	（名）
远	yuǎn	（形）
不太	bútài	（副）
欸	éi	（間投）
怎么	zěnme	（代）
舒服	shūfu	（形）
有点儿	yǒudiǎnr	（副）
头疼	tóuténg	（動）

注　釈

1. **怎么样?** 「どうですか」
疑問代詞。一般的に文末に置いて、状態や状況を問う。

2. **这本小说很有意思。**「この小説はとても面白いです」
形容詞が述語になる文は形容詞述語文という。陳述文の場合はふつう、程度副詞 "很" など
が必要。

3. **我们那儿**「私たちのところ」
《指示代名詞や人を表す名詞＋"这儿／那儿"》の形で、「誰々のところ」という意味になる。

4. **～极了!**「極めて～／実に～」
補語として用い、程度が非常に高いことを示す。感嘆する気持ちを含む。

5. **好不好?**「いいですか」
述語である動詞や形容詞を《肯定形＋否定形》の形にして反復疑問文を作る。

6. **我觉得这种颜色太深了。**「私はこの色が濃すぎると思います」
この文の "觉得" は「～と思う」、"太～了" は「～過ぎる」という意味で、間に形容詞を用い、
程度が適当を超えていることを表す。話す時、真ん中の形容詞の強勢音節を強くし、長く伸
ばす。

7. **不太远**「あまり遠くありません」
"不太" は "不" と "太" の組み合わせで、「あまり～ではない」という意味になる。

8. **怎么了?**「どうしましたか」
ある状況の原因を尋ねる。

9. **我觉得有点儿头疼。**「ちょっと頭痛がするのを感じています」
"有点儿" は「ちょっと／少し」という意味で、望ましくないことについていう時に使う。
副詞として、形容詞や動詞を修飾する。この文の "觉得" は「～と感じる」という意味。

1. 这本小说**很**有意思。
   - a. 比较　bǐjiào / 比較的
   - b. 非常　fēicháng / 非常に
   - c. 特别　tèbié / とりわけ
   - d. 不太　bútài / あまり…ではない

2. 我们那儿的风景 / **漂亮**极了！
   - a. 空气　kōngqì / 空気　　　　清新 qīngxīn / 新鮮
   - b. 海水　hǎishuǐ / 海水　　　　蓝 lán / 青い
   - c. 草原　cǎoyuán / 草原　　　　辽阔 liáokuò / 広い
   - d. 环境　huánjìng / 環境　　　　糟 zāo / 悪い

3. 我觉得这种颜色太**深**了。
   - a. 浅　qiǎn / 浅い
   - b. 艳　yàn / 鮮やか
   - c. 素气　sùqi / 地味
   - d. 土气　tǔqi / 田舎くさい

4. 离车站**不太远**。
   - a. 不近　bú jìn / 近くない
   - b. 相当近　xiāngdāng jìn / 相当近い
   - c. 有点儿远　yǒudiǎnr yuǎn / ちょっと遠い
   - d. 挺远　tǐng yuǎn / かなり遠い

5. 我觉得有点儿**头疼**。
   - a. 困　kùn / 眠い
   - b. 恶心　ěxīn / 吐き気がする
   - c. 累　lèi / 疲れる
   - d. 浑身没劲儿　húnshēn méijìnr / 全身がだるい

＊程度副詞 （強→弱）

最	特別	相当	非常	很	蛮	挺	比较
zuì	tèbié	xiāngdāng	fēicháng	hěn	mán	tǐng	bǐjiào
最も	特別に	相当	非常に	とても	なかなか	かなり	比較的

＊程度の表現

顔色 yánsè （色）	：	深 shēn —— 浅 qiǎn	（濃い―薄い）
重量 zhòngliàng （重さ）	：	轻 qīng —— 重 zhòng	（軽い―重い）
天気 tiānqì （天気）	：	冷 lěng —— 热 rè	（寒い―暑い）
亮度 liàngdù （明るさ）	：	亮 liàng —— 暗 àn	（明るい―暗い）
身材 shēncái （体つき）	：	高 gāo —— 矮 ǎi	（高い―低い）
		胖 pàng —— 瘦 shòu	（太っている―痩せている）
声音 shēngyīn （音、声）	：	大 dà —— 小 xiǎo	（大きい―小さい）
		高 gāo —— 低 dī	（高い―低い）

【薬局】

中国の薬局は日本のコンビニのように数が多い。ふつう、朝８時から夜８時まで営業する。中国の医療保険は入院患者のみに適用され、大部分の薬は医師の処方が無くても購入できる。薬局の店員はたいてい一般的な病気の知識があるため、彼らのアドバイスを聴き、薬を買えば、大した病気でない限り、病院に行かなくても良い。その方がお金を節約することもできるし、病院へ行く手間も省くことができるからである。

第10课　行　为（未然）〈行為（未然）〉

A　あなたは何をお飲みになりますか。

您 要 喝 什么?
Nín yào hē shénme?

B　私はコーヒーを飲みます。冷たい方にします。

我 喝 咖啡, 要 冰 的。
Wǒ hē kāfēi, yào bīng de.

A　週末、私たちはディズニーランドへ行きましょう。

周末 咱们 去 迪斯尼 乐园 吧。
Zhōumò zánmen qù Dísīní lèyuán ba.

B　私は行きたくない、休みたいです。

我 不 想 去, 想 休息。
Wǒ bù xiǎng qù, xiǎng xiūxi.

A　あなたはお昼どこで食事しますか。

你 中午 在 哪儿 吃饭?
Nǐ zhōngwǔ zài nǎr chīfàn?

B　私は普段、食堂で食べます。

我 一般 在 食堂 吃。
Wǒ yìbān zài shítáng chī.

A　日曜日、あなたは家で何をしますか。

星期天 你 在 家 干 什么?
Xīngqītiān nǐ zài jiā gàn shénme?

B　本を読んだり、音楽を聴いたりしています。

看看 书, 听听 音乐 什么的。
Kànkan shū, tīngting yīnyuè shénmede.

A　あなたはもうそろそろお国に帰るのでしょう。

你 快 要 回国 了 吧?
Nǐ kuài yào huíguó le ba?

B　そうですね、あさってにはもう家に着きます。

是 啊, 后天 就 到 家 了。
Shì a, hòutiān jiù dào jiā le.

新出単語

行为	xíngwéi	（名）
要〜	yào〜	（助動）
喝	hē	（動）
咖啡	kāfēi	（名）
要	yào	（動）
冰	bīng	（形）
〜的	〜de	（助）
周末	zhōumò	（名）
咱们	zánmen	（代）
迪斯尼	Dísīní	（固有）
乐园	lèyuán	（名）
〜吧	〜ba	（助）
想〜	xiǎng〜	（助動）
休息	xiūxi	（動）
在〜	zài〜	（前置）
吃饭	chī/fàn	（離合）
一般	yìbān	（副）
食堂	shítáng	（名）
吃	chī	（動）
干	gàn	（動）
看	kàn	（動）
书	shū	（名）
听	tīng	（動）
音乐	yīnyuè	（名）
〜什么的	〜shénmede	（代）
快	kuài	（副）
要	yào（助動）…了 le（助）
回国	huí/guó	（離合）
就	jiù（副）…了 le（助）

注 釈

1. 您要喝什么? 「何をお飲みになりますか」
   《"要／想"＋動詞》は「〜したい／〜しようとする」という意味である。"要／想"は助動詞で、動詞の前に置いて、願望や希望を表す。否定形は"不想"を用いる。

2. 〜的「〜の／〜もの」
   "的"を付けることにより、名詞化する。

3. 去迪斯尼乐园吧。「ディズニーランドへ行きましょう」
   "吧"は文末に置いて、提案や相談の語気を表す。

4. 在哪儿吃饭? 「どこで食事しますか」
   "在"は前置詞で、動作の行う場所を導く。《"在"＋場所名詞＋動詞》の形で、「〜で〜する」という意味になる。

5. 動詞の重ね型「ちょっと〜する／〜してみる」を表す。
   単音節の動詞は、重ねた動詞の間に"一"を入れても良い。

   　　　例：看看 kànkan　　→　　看一看 kàn yi kan

6. 〜什么的「〜等々／〜とか」
   1つ、または列挙された事柄の後につけて、その類いのものを表す。

7. 快要〜了「もうすぐ〜となる／〜しそうだ」
   近い将来に対する判断を表す。副詞"快"を前置して、緊迫感を強める。

8. 就〜了「もう〜」
   "就要〜了"の略で、「早くもう〜する」という意味を表す。"就"の前に時間を表す名詞を加えることもできる。

1. 我<u>喝咖啡</u>，要<u>冰</u>的。

    a. 喝水 hē shuǐ / 水を飲む   温的 wēn de / 暖かいの

    b. 喝茶 hē chá / お茶を飲む   凉的 liáng de / 冷たいの

    c. 喝汤 hē tāng / スープを飲む   热的 rè de / 熱いの

    d. 喝啤酒 hē píjiǔ / ビールを飲む   常温的 chángwēn de / 常温の

2. 我<u>想去</u>迪斯尼乐园。

    a. 要去 yào qù / 行きたい

    b. 打算去 dǎsuan qù / 行くつもり

    c. 准备去 zhǔnbèi qù / 行く用意をする

    d. 一定去 yídìng qù / きっと行く

3. 我<u>一般</u>在食堂吃。

    a. 总是 zǒngshì / いつも   b. 常常 chángcháng / よく

    c. 有时候 yǒushíhou / 時には   d. 每天 měi tiān / 毎日

4. <u>看看书，听听音乐</u>什么的。

    a. 看看电视 kànkan diànshì / テレビをちょっと見る

       读读报纸 dúdu bàozhǐ / 新聞をちょっと読む

    b. 喝喝酒 hēhe jiǔ / 酒をちょっと飲む

       唱唱歌儿 chàngchang gēr / 歌をちょっと歌う

    c. 打打扑克 dǎda pūkè / トランプをちょっとする

       下下棋 xiàxia qí / 将棋や囲碁などをちょっとする

    d. 学学外语 xuéxue wàiyǔ / 外国語をちょっと学ぶ

       写写文章 xiěxie wénzhāng / 文書をちょっと書く

5. 你<u>快</u>要回国了吧？

    a. 就 jiù / まもなく   b. 很快 hěn kuài / じきに

    c. 后天 hòutiān / 明後日   d. 下周 xiàzhōu / 来週

まとめ

＊助動詞

願望・意志	想 xiǎng（〜したい），要 yào（〜したい，〜するつもりだ）
	愿意 yuànyì（〜したい，喜んで〜する），敢 gǎn（〜する勇気がある）
能力・可能性・許可	会 huì（[習得して] 〜できる，〜するはずだ）
	能 néng（[能力、許可、条件があって] 〜できる，〜があり得る）
	可以 kěyǐ（[能力・許可・条件があって] 〜できる，〜してもよい）
必須	得 děi（〜しなければならない），要 yào（〜しなければならない）
当然	应该 yīnggāi（〜すべきだ），应当（〜すべきだ），该 gāi（〜すべきだ）

【冷たいもの】

　中国では、「冷えはよくない」という漢方医学に基づいた考えがある。それゆえ、食べ物は暖かいものが基本的である。お弁当も日本のように冷めたいものを食べることはなく、飲み物も氷無しのものが一般的である。昔、レストランで注文をする時 "冰啤酒 bīngpíjiǔ" といわないと、常温のビールが出されてしまうことがあった。だがグローバル化が進むにつれて、現在は胃腸の弱い人以外常温のビールを飲む人は、ほとんどいない。

第11課　職　业　<職業>

A あなたはどういう仕事をなさっていますか。

您 做 **什么** 工作?
Nín zuò shénme gōngzuò?

B 私は会社員です。外資系の会社で通訳をしています。

我 是 公司 职员, 在 外企 当 **翻译**。
Wǒ shì gōngsī zhíyuán, zài wàiqǐ dāng fānyì.

A あなたはどの会社で働いていますか。

你 在 **哪** 个 单位 工作?
Nǐ zài něi gè dānwèi gōngzuò?

B ある貿易会社に勤めています。

在 一 家 贸易 公司 工作。
Zài yì jiā màoyì gōngsī gōngzuò.

A お父さんはどういう仕事をしていますか。

你 父亲 是 做 **什么** 工作 的?
Nǐ fùqin shì zuò shénme gōngzuò de?

B 父は建築をやっています。

他 是 搞 **建筑** 的。
Tā shì gǎo jiànzhù de.

A お母さんも仕事をしていますか。

你 妈妈 也 **上班** 吗?
Nǐ māma yě shàngbān ma?

B 仕事をしませんが、時々ボランディアをしに行きます。

不 上班。**不过**, 有时候 去 做 **义工**。
Bú shàngbān. Búguò, yǒushíhou qù zuò yìgōng.

A あなたはどの大学の学生ですか。

你 是 **哪** 个 大学 的?
Nǐ shì něi gè dàxué de?

B 私は西京大学の1年生です。

我 是 西京 大学 一 年级 的 学生。
Wǒ shì Xījīng dàxué yī niánjí de xuésheng.

新出単語

职业	zhíyè	（名）
做	zuò	（動）
工作	gōngzuò	（名）
公司	gōngsī	（名）
职员	zhíyuán	（名）
外企	wàiqǐ	（名）
当	dāng	（動）
翻译	fānyì	（名）
单位	dānwèi	（名）
工作	gōngzuò	（動）
一～	yī~	（代）
～家	~jiā	（量）
贸易	màoyì	（名）
搞	gǎo	（動）
建筑	jiànzhù	（名）
上班	shàng/bān	（離合）
不过	búguò	（接続）
有时候	yǒushíhou	（名）
义工	yìgōng	（名）
大学	dàxué	（名）
西京	Xījīng	（固有）
年级	niánjí	（名）
学生	xuésheng	（名）

注　釈

1. **公司职员**「会社員」
   2つの二音節名詞が結びついて熟語化する。

2. **外企**
   "外资企业" を略した言い方。

3. **一家**「ある～」
   "一" は代名詞で、"某" に相当する。"家" は店、企業などを数える量詞である。

4. **你父亲是做什么工作的?**　「お父さんはどういう仕事をしていますか」
   "的" が動詞フレーズ "做什么工作" の後に置かれ、名詞構造を作り、具体的な物や人の代わりに用いられる。

5. **搞～的**「～するもの／～従事するもの」
   間に分野を表す言葉を置く。"搞" は動作を具体的に表現したくない時あるいは表現しにくい時、その動作の代わりに用いられる。

6. **去做义工。**「ボランティアをしに行きます」
   連動文である。連動文とはひとつの主語について動詞または動詞フレーズが2つ以上ある文を指す。

7. **你是哪个大学的?**　「どの大学の学生ですか」
   《名詞＋"的"》の形で人や物を意味する。

8. **一年级的学生**「1年生」
   1学年の学生、つまり1年生である。

1. 在<u>外企</u>当<u>翻译</u>。
   - a. 医院 yīyuàn / 病院　　　　　大夫 dàifu / 医者
   - b. 报社 bàoshè / 新聞社　　　　编辑 biānjí / 編集者
   - c. 电视台 diànshìtái / テレビ局　　主持人 zhǔchírén / 司会者
   - d. 超市 chāoshì / スーパー　　　营业员 yíngyèyuán / 従業員

2. 我在一家<u>贸易公司</u>工作。
   - a. 国营企业 guóyíng qǐyè / 国営企業
   - b. 国立大学 guólì dàxué / 国立大学
   - c. 百货商店 bǎihuò shāngdiàn / 百貨店
   - d. 超级市场 chāojí shìchǎng / スーパー

3. 他是搞<u>建筑</u>的。
   - a. 文学 wénxué / 文学
   - b. 教育 jiàoyù / 教育
   - c. 音乐 yīnyuè / 音楽
   - d. 美术 měishù / 美術

4. 不过，有时候去做<u>义工</u>。
   - a. 看电影 kàn diànyǐng / 映画を見る
   - b. 旅游 lǚyóu / 旅行をする
   - c. 逛街 guàngjiē / 街を散歩する
   - d. 打工 dǎgōng / アルバイトをする

5. 你是哪个<u>大学</u>的？
   - a. 单位 dānwèi / 勤務先
   - b. 工厂 gōngchǎng / 工場
   - c. 村儿 cūnr / 村
   - d. 部队 bùduì / 部隊

＊四音節の固定フレーズ

公司＋职员 （会社員）
gōngsī zhíyuán

现代＋汉语 （現代中国語）
xiàndài hànyǔ

家庭＋主妇 （専業主婦）
jiātíng zhǔfù

大学＋教授 （大学教授）
dàxué jiàoshòu

古典＋音乐 （古典音楽）
gǔdiǎn yīnyuè

通俗＋歌曲 （歌謡曲）
tōngsú gēqǔ

高速＋公路 （高速道路）
gāosù gōnglù

旅游＋指南 （旅行ガイド）
lǚyóu zhǐnán

＊略語

外企 （外国企業）（1・3）
wàiqǐ (wàiguó qǐyè)

北大 （北京大学）（1・3）
Běidà (Běijīng dàxué)

文艺 （文学艺术）（1・3）
wényì (wénxué yìshù)

科普 （科学普及）（1・3）
kēpǔ (kēxué pǔjí)

演技 （表演技巧）（2・3）
yǎnjì (biǎoyǎn jìqiǎo)

疗效 （治疗效果）（2・3）
liáoxiào (zhìliáo xiàoguǒ)

军属 （军人家属）（1・4）
jūnshǔ (jūnrén jiāshǔ)

侨务 （华侨事务）（2・4）
qiáowù (huáqiáo shìwù)

【離職】

　ある報告によると、最近の大学生の34％が卒業後半年以内に離職を経験している。そのほとんどは自主的な離職である。理想と現実のギャップが大きいから、多くの若者が最初の仕事を自分の最終の目標につながる踏み台にしている。職場の環境が劣悪だとか、給料面の待遇が悪いだとかといった現実的な問題に直面しても、彼らはとりあえず我慢して折り合い、ひとたび機が熟したら、離職してしまう。

第12课　　行　为（已然）　<行為（已然）>

77 A　あなたは午前中どこへ行きましたか。

你　上午　去　哪儿　了?
Nǐ　shàngwǔ　qù　nǎr　le?

B　私は友だちと町に行きました、帰ってきたばかりです。

我　跟　朋友　上街　去了,　刚　回　来。
Wǒ　gēn　péngyou　shàngjiē　qùle,　gāng　huí　lái.

A　あなたは朝ごはんを食べましたか。

你　早上　吃饭　了　没有?
Nǐ　zǎoshang　chīfàn　le　méiyǒu?

B　食べていません、牛乳を1杯飲んだだけです。

没　吃饭,　只　喝了　一　杯　牛奶。
Méi　chīfàn,　zhǐ　hēle　yì　bēi　niúnǎi.

A　あなたは今日、授業を何コマ受けましたか。

你　今天　上了　几　节　课?
Nǐ　jīntiān　shàngle　jǐ　jié　kè?

B　私は3コマ受けました。

我　今天　上了　三　节　课。
Wǒ　jīntiān　shàngle　sān　jié　kè.

A　あなたは何年に生まれたのですか。

你　是　哪　年　生　的?
Nǐ　shì　něi　nián　shēng　de?

B　私は1994年に生まれました。

我　一九九四　年　生　的。
Wǒ　yī jiǔ jiǔ sì　nián　shēng　de.

A　あなたはどこで財布をなくしたのですか。

你　是　在　哪儿　丢　的　钱包?
Nǐ　shì　zài　nǎr　diū　de　qiánbāo?

B　わかりません。たぶん電車の中でなくしたようです。

不　知道。也许　在　电车　里　丢　的。
Bù　zhīdào.　Yěxǔ　zài　diànchē　lǐ　diū　de.

新出単語　**78**

上午	shàngwǔ	（名）
～了	~le	（助）
朋友	péngyou	（名）
上街	shàng/jiē	（離合）
～去	~qù	（動）
回	huí	（動）
～来	~lái	（動）
早上	zǎoshang	（名）
～没有	~méiyǒu	（助）
没～	méi~	（副）
～杯	~bēi	（量）
牛奶	niúnǎi	（名）
上课	shàng/kè	（離合）
～节	~jié	（量）
是 shì（動）……的 de（助）		
生	shēng	（動）
丢	diū	（動）
钱包	qiánbāo	（名）
知道	zhīdào	（動）
也许	yěxǔ	（副）
电车	diànchē	（名）
～里	~lǐ	（名）

注 釈

1. **你上午去哪儿了?**「午前中どこへ行きましたか」
   文末の"了"は動態助詞で、物事や状況がすでに発生したことを表す。この文を否定文にする際は動詞の前に"没（有）"を加え、文末には"了"を用いない。

2. **我跟朋友上街去了，刚回来。**「友だちと町に行きました、帰ってきたばかりです」
   "去"と"来"は単純方向補語で、動詞の後に置き、動作の方向を表す。動詞の後ろに目的語があるなら、それを動詞と目的語の間に置く。「〜していく／〜してくる」という意味になる。

3. **你早上吃饭了没有?**「朝ごはんを食べましたか」
   《**動詞＋（目的語）**＋**"了"**＋**"没有"**》という形で、"了"を用いる文の反復疑問文を作る。

4. **没吃饭，只喝了一杯牛奶。**「食べていません、牛乳を1杯飲んだだけです」
   "了"は動態助詞で、動詞の直後に置き、《**動詞＋"了"＋数量詞＋名詞**》という形で動作の完了や実現などを表す。否定形は動詞の前に"没（有）"を加える。

5. **你今天上了几节课?**「あなたは今日、授業を何コマ受けましたか」
   "上课"は離合動詞である。大部分の離合動詞は二音節語で、前の漢字が動詞で、後ろの漢字が名詞であるため、離合動詞を用いる文の中に動態助詞や数量詞限定語などがあれば、それを2つの漢字の間に置く。

6. **你是在哪儿丢的钱包?**「あなたはどこで財布をなくしたのですか」
   "（是）〜的"は「〜したのだ」という意味で、行われた動作の時間、場所、方式、行為者などをいう時に必ず用いるパターンである。目的語（場所詞以外）があれば、"的"の後ろに置く。否定文は"不是〜的"である。

   > 例：我不是在电车里丢的钱包。（私は電車の中で財布をなくしたのではありません。）
   > Wǒ bú shì zài diànchē lǐ diū de qiánbāo.

1. 我跟朋友<u>上街</u>去了，刚回来。

    a. 游泳　yóuyǒng / 泳ぐ

    b. 看球赛　kàn qiúsài / 試合を見る

    c. 踢足球　tī zúqiú / サッカーをする

    d. 唱卡拉OK　chàng kǎlā'ōkèi / カラオケを歌う

2. 只<u>喝</u>了<u>一杯牛奶</u>。

    a. 吃　chī / 食べる　　　一片儿面包 yí piànr miànbāo / パン1枚

    b. 买　mǎi / 買う　　　两本杂志 liǎng běn zázhì / 雑誌2冊

    c. 唱　chàng / 歌う　　三首歌儿 sān shǒu gēr / 3曲の歌

    d. 发　fā / 送信する　四条短信 sì tiáo duǎnxìn / 携帯メール4通

3. 我今天<u>上了三节课</u>。

    a. 打了两个工　dǎle liǎng gè gōng / 2つのバイトをした

    b. 开了三个会　kāile sān gè huì / 3つの会議に出た

    c. 办了一件事　bànle yí jiàn shì / 1つのことをした

    d. 花了十块钱　huāle shí kuài qián / 10元を使った

4. 你是哪年<u>生</u>的？

    a. 上大学　shàng dàxué / 大学に入学する

    b. 毕业　bì/yè / 卒業する

    c. 就职　jiùzhí / 就職する

    d. 出国　chū/guó / 出国する

5. 你是在<u>哪儿</u>丢的钱包？

    a. 哪天　něitiān / どの日

    b. 什么时候　shénme shíhou / いつ頃

    c. 怎么　zěnme / どのように

    d. 在什么地方　zài shénme dìfang / どんなところで

＊複合方向補語

	上 shàng （上がる）	下 xià （下がる）	进 jìn （入る）	出 chū （出る）	回 huí （戻る）	过 guò （過ぎる）	起 qǐ （起きる）
来 lái （来る）	上来	下来	进来	出来	回来	过来	起来
去 qù （行く）	上去	下去	进去	出去	回去	过去	

＊離合動詞

上课	shàng/kè	上几节课？	（授業を何コマうけますか。）
打工	dǎ/gōng	打了两个月工。	（２ヶ月間バイトをしました。）
吃饭	chī/fàn	每天吃两顿饭。	（毎日２回食事します。）
睡觉	shuì/jiào	睡八个小时觉。	（８時間寝ます。）
洗澡	xǐ/zǎo	洗两次澡。	（２回お風呂に入ります。）
开车	kāi/chē	开三公里车。	（３キロ車を運転します。）

【朝食】

　中国の朝ごはんは多種多様である。中国式の揚げパンや豆乳、お粥、ショーロンポーのほか、ワンタンメン、ラーメンなどもある。現在、中国では朝食を買って食べるのが一般的なので大通りといわず、路地といわず、朝食屋さんがどこでもある。出勤途中で朝食をとる人も少なくない。また朝ごはんをテイクアウトして家に帰り、家族そろって食べる人もいる。

第13课　　购　物　＜買い物＞

A 紹興酒の8年ものは1本いくらですか。

八 年 的 绍兴酒 多少 钱 一 瓶?
Bā nián de shàoxīngjiǔ duōshǎo qián yì píng?

B 1本108元です。

一 瓶 一 百 零 八 块。
Yì píng yì bǎi líng bā kuài.

A この種のルイヴィトンの鞄はいくらですか。

这 款 LV 的 包儿 多少 钱?
Zhèi kuǎn Āilūwēi de bāor duōshǎo qián?

B 8万5000円です。

八 万 五 千 日元。
Bā wàn wǔ qiān rìyuán.

A 2万2000円はいくらの人民元になりますか。

两 万 二 千 日元 合 多少 人民币?
Liǎng wàn èr qiān rìyuán hé duōshǎo rénmínbì?

B 最近のレートが高いので、1600元あまりになります。

最近 牌价 高, 合 一 千 六 百 多。
Zuìjìn páijià gāo, hé yì qiān liù bǎi duō.

A 高すぎます、少し安くすることができますか。

太 贵 了, 能 便宜 一点儿 吗?
Tài guì le, néng piányi yìdiǎnr ma?

B いいでしょう、あなたに1割まけましょう。

好 吧, 给 您 打 九 折。
Hǎo ba, gěi nín dǎ jiǔ zhé.

A チャイナドレスをオーダーするにはどのぐらいの時間がかかりますか。

订做 一 件 旗袍 要 多长 时间?
Dìngzuò yí jiàn qípáo yào duōcháng shíjiān?

B どうしても1週間ぐらいかかります。

得 要 一 个 星期 左右。
Děi yào yí gè xīngqī zuǒyòu.

新出単語

多少	duōshǎo	（代）
钱	qián	（名）
～瓶	~píng	（量）
～百	~bǎi	（数）
～块	~kuài	（量）
～款	~kuǎn	（量）
LV	Āilūwēi	（固名）
包儿	bāor	（名）
～万	~wàn	（数）
～千	~qiān	（数）
日元	rìyuán	（名）
合	hé	（動）
人民币	rénmínbì	（名）
最近	zuìjìn	（名）
牌价	páijià	（名）
高	gāo	（形）
～多	~duō	（数）
太 tài（副）……了 le		（助）
贵	guì	（形）
能～	néng~	（助動）
便宜	piányi	（形）
～一点儿	~yìdiǎnr	（量）
给～	gěi~	（前置）
打折	dǎ/zhé	（離合）
订做	dìngzuò	（動）
旗袍	qípáo	（名）
要	yào	（動）
得～	děi~	（助動）
～左右	~zuǒyòu	（数詞）

1. 八年的绍兴酒多少钱一瓶？「紹興酒の8年ものは1本いくらですか」

   この文は "多少钱" が主語で、"一瓶" が述語で、主述構造が構成される。この構造はまた "八年的绍兴酒" の述語になるので、主述述語文を構成する。

2. 两万二千日元「2万2000円」

   "百／千／万／亿" の前に数字の "二" が来たら "两" を使う。

   例：两 liǎng（二 èr）百 bǎi／两千 liǎng qiān／两万 liǎng wàn／两亿 liǎng yì

3. 合一千六百多。「1600元あまりになります」

   "多" は10の倍数の数詞の後に置いて、「～あまり」という意味になる。

4. 太贵了「高すぎます」

   "太……了" は「大変～だ」という意味で、話し手の感情を込める。話す時 "太" を強くし、長く伸ばす。

5. 能便宜一点儿吗？「少し安くすることができますか」

   "能" は助動詞で、動詞の前に置き、可能性を表す。《"能"＋動詞》の形で「～することができる」という意味になる。否定は《"不能"＋動詞》になる。"一点儿" は数量補語として形容詞の後に置いて、量が少ないことを表す。対照するニュアンス（今の値段に比べて）を含む。"便宜一点儿" は "能" の目的語になる。

6. 好吧「いいでしょう」

   語気助詞 "吧" は語尾に置いて、許可や同意などの語気を和らげる働きをする。

7. 给您打九折。「1割引にしましょう」

   "给" は前置詞で、動作の対象を導く。"打折" は離合動詞で、間に "一" から "九" までの数字を入れて使う。

8. 得要一个星期左右。「1週間ぐらいかかります」

   "得" は助動詞で、動詞の前に置き、「～をしなければならない」という意味になる。"左右" は数量詞や数量詞フレーズの後に置き、概数を表す。「～くらい」という意味になる。

1. <u>八年的绍兴酒</u>多少钱<u>一瓶</u>？
   - a. 日式筷子 rìshì kuàizi ／日本式の箸　　　　　　　　一双 yìshuāng ／1膳
   - b. 瑞士的水果刀 Ruìshì de shuǐguǒdāo ／スイスの果物ナイフ　　一把 yìbǎ ／1本
   - c. 台湾的乌龙茶 Táiwān de wūlóngchá ／台湾のウーロン茶　　一盒儿 yìhér ／1箱
   - d. 新疆的葡萄干儿 Xīnjiāng de pútaogānr ／新疆の干し葡萄　　一袋儿 yídàir ／1袋

2. 这款 <u>LV</u> 的包儿多少钱？
   - a. 鳄鱼牌儿的 T 恤 Èyúpáir de T xù ／ラコステのTシャツ
   - b. 耐克牌儿的运动鞋 Nàikèpáir de yùndòngxié ／ナイキの運動靴
   - c. 西铁城的手表 Xītiěchéng de shǒubiǎo ／シチズンの腕時計
   - d. 佳能牌儿的相机 Jiānéngpáir de xiàngjī ／キヤノンのカメラ

3. <u>两万二千日元</u>合多少<u>人民币</u>？
   - a. 美元 měiyuán ／ドル
   - b. 欧元 ōuyuán ／ユーロ
   - c. 英镑 yīngbàng ／ポンド
   - d. 卢布 lúbù ／ルーブル

4. 能便宜<u>一点儿</u>吗？
   - a. 快 kuài ／速い　　　　　　　　b. 慢 màn ／遅い
   - c. 早 zǎo ／早い　　　　　　　　d. 晚 wǎn ／遅い

5. 得要<u>一个星期</u>左右。
   - a. 一周 yì zhōu ／1週間　　　　　　b. 半个月 bàn gè yuè ／半月
   - c. 两个月 liǎng gè yuè ／2カ月　　　　d. 半年 bàn nián ／半年

＊大きい数の表現

11	十一 shíyī	200	二百 èr bǎi
12	十二 shí'èr	1,000	一千 yì qiān
20	二十 èrshí	1,001	一千零一 yì qiān líng yī
21	二十一 èrshíyī	1,010	一千零一十 yì qiān líng yī shí
30	三十 sānshí	1,100	一千一（百） yì qiān yī (bǎi)
99	九十九 jiǔshíjiǔ	2,000	两千 liǎng qiān
100	一百 yì bǎi	10,000	一万 yí wàn
101	一百零一 yì bǎi líng yī	20,000	两万 liǎng wàn
110	一百一（十） yì bǎi yī (shí)	100,000,000	一亿 yí yì
111	一百一十一 yì bǎi yīshíyī	200,000,000	两亿 liǎng yì

＊中国のお金

中国の通貨は"人民币 rénmínbì"という。単位は"元 yuán"、"角 jiǎo"、"分 fēn"の三つがある。日常会話の中で"元"は"块 kuài"、"角"は"毛 máo"ともいう。

【割引】

　中国のデパートは日本と同じように割引をすることがある。割引を"打折 dǎzhé"という。中国語では"打折"の2文字の間に数字を入れて、割引率を表す。例えば、店頭に"打八折 dǎ bā zhé"と書いているなら、「8割引」ではなく、8割に値引きすることであり、すなわち日本の「2割引」のことである。つまり数字の大きい方は割引が少ないということで、誤解をしないように注意が必要である。

第14课　　行　为（体験）　＜行為（体験）＞

A　あなたは中国の京劇を観たことがありますか。

你 看过 中国 的 京剧 吗?
Nǐ kànguo Zhōngguó de jīngjù ma?

B　観たことがありますが、ただ1回観ただけです。

看过，不过 只 看过 一 次。
Kànguo, búguò zhǐ kànguo yí cì.

A　あなたは中国語を何年間勉強したことがありますか。

你 学过 几 年 汉语?
Nǐ xuéguo jǐ nián Hànyǔ?

B　私は中国語を1年あまり勉強しました。

我 (学) 汉语 学 (了) 一 年 多 了。
Wǒ (xué) Hànyǔ xué (le) yì nián duō le.

A　娘さんはいつ大学を卒業しますか。

你 女儿 什么 时候 大学 毕业?
Nǐ nǚ'ér shénme shíhou dàxué bìyè?

B　かなり前に卒業して、すでにしばらく働いています。

早 毕业 了，已经 工作 一段儿 时间 了。
Zǎo bìyè le, yǐjīng gōngzuò yíduànr shíjiān le.

A　あのジーンズをあなたは買いましたか。

那 条 牛仔裤 你 买 了 吗?
Nèi tiáo niúzǎikù nǐ mǎi le ma?

B　買わなかった。ちょっと試着しただけで、少し小さかった。

没 买，我 只 试 了 试，有点儿 瘦。
Méi mǎi, wǒ zhǐ shì le shì, yǒudiǎnr shòu.

A　あなたたちはさっき何をしていましたか。

你们 刚才 干 什么 来着?
Nǐmen gāngcái gàn shénme láizhe?

B　私たち何人かはおしゃべりをしていました。

我们 几 个 聊天儿 来着。
Wǒmen jǐ gè liáotiānr láizhe.

新出単語

看	kàn	（動）
～过	~guo	（助）
京剧	jīngjù	（名）
～次	~cì	（量）
学	xué	（動）
汉语	Hànyǔ	（名）
～年	~nián	（量）
女儿	nǚ'ér	（名）
时候	shíhou	（名）
毕业	bì/yè	（離合）
早	zǎo	（形）
已经	yǐjīng	（副）
一段儿	yíduànr	（名）
～条	~tiáo	（量）
牛仔裤	niúzǎikù	（名）
买	mǎi	（動）
试	shì	（動）
瘦	shòu	（形）
刚才	gāngcái	（名）
～来着	~láizhe	（助）
聊天儿	liáo/tiānr	（離合）

注　釈

1. **你看过中国的京剧吗?**「中国の京劇を観たことがありますか」
   動態助詞 "过" を動詞の後に置き、「〜したことがある」という意味で、過去の経験を表す。否定形は動詞の前に "没（有）" を加える。

2. **不过**「ただし／でも」
   逆接を表す接続詞。多く話し言葉に用いる。

3. **只看过一次。**「1度見ただけです」
   《動詞＋"过／了"（動態助詞）＋動量補語＋（目的語）》の形で動作の回数を表す。"次" は動作の回数を表す動量詞である。

4. **我（学）汉语学（了）一年多了。**「私は中国語を勉強して1年あまりになりました」
   "一年多" は動詞 "学" の時間補語である。時間補語を用いる文の中には、動詞の後に目的語があれば、その動詞を再度繰り返し、《（動詞）＋目的語＋同じ動詞＋時間補語》というパターンになる。目的語前の動詞を省略してもいい。また、文中に2つの "了" を含む場合、前の "了" を省略できる。省略しない場合は、動作の完了を強調するだけの働きとなる。"多" は「〜あまり」で、数量詞の後に置き、一定の数量の端数を示す。

5. **试了试**「ちょっと試着した」
   単音節動詞の重ね型の間に "了" を加えると、動詞の重ね型の過去形になる。「ちょっと〜した」という意味を表す。

6. **有点儿**「少し、少々」
   形容詞の前に置き、望ましくない事に用いる。

7. **你们刚才干什么来着?**「あなたたちはさっき何をしていましたか」
   "来着" は「〜（し）ていた」という意味で、終わった動作の進行形である。文末に用い、動作がすでに持続して行われていたことを表す。

8. **我们几个**「私たち何人か」
   "几" が陳述文の中に置かれた場合、不特定の量を表す。

1. 只<u>看过一次京剧</u>。

a. 吃 chī / 食べる　　　　　一回小笼包 yì huí xiǎolóngbāo / 1回・小籠包

b. 去 qù / 行く　　　　　　一趟冲绳 yí tàng Chōngshéng / 1回・沖縄

c. 读 dú / 読む　　　　　　一遍《三国演义》 yí biàn《Sānguó yǎnyì》/ 1回・『三国志』

d. 下 xià / 降る　　　　　　一场雪 yì chǎng xuě / 1回・雪

2. 我（<u>学</u>）/ <u>汉语学了一年多了</u>。

a. 打 dǎ / する　　　　　　太极拳 tàijíquán / 太極拳

b. 弹 tán / 弾く　　　　　　吉他 jítā / ギター

c. 画 huà / 描く　　　　　　油画儿 yóuhuàr / 油絵

d. 吃 chī / 食べる　　　　　食堂 shítáng / 食堂

3. 已经<u>工作</u> / <u>一段儿时间了</u>。

a. 玩儿 wánr / 遊ぶ　　　　一会儿 yíhuìr / しばらく

b. 坐 zuò / 座る　　　　　　半天 bàntiān / 長い時間

c. 写 xiě / 書く　　　　　　一个小时 yí gè xiǎoshí / 1時間

d. 病 bìng / 病気になる　　　一个星期 yí gè xīngqī / 1週間

4. 我只<u>试了试</u>，有点儿<u>瘦</u>。

a. 尝了尝 chánglecháng / 味見をしてみた　　咸 xián / しょっぱい

b. 问了问 wènlewèn / 聞いてみた　　　　　贵 guì / 値段が高い

c. 拎了拎 līnlelīn / 引っ提げてみた　　　　沉 chén / 重い

d. 翻了翻 fānlefān / めくってみた　　　　难 nán / 難しい

5. 我们几个<u>聊</u> / <u>天儿</u>来着。

a. 玩儿 wánr / 遊ぶ　　　　游戏 yóuxì / ゲーム

b. 打 dǎ / する　　　　　　扑克 pūkè / トランプ

c. 收拾 shōushi / 片付ける　房间 fángjiān / 部屋

d. 讨论 tǎolùn / 討論する　　问题 wèntí / 問題

＊**動量詞**

次	cì	（動作の回数を数える）
回	huí	（動作の回数を数える）
遍	biàn	（動作の初めから終わりまでの全過程を1回として数える）
頓	dùn	（食事／叱責／殴打等の回数を数える）
阵	zhèn	（一定時間続く現象／動作等に用いる）
趟	tàng	（行き来の回数を数える）
把	bǎ	（手に関係のある動作に用いる）
下儿	xiàr	（動作の回数を数える）

──【京劇】──

　京劇は18世紀末以後北京で盛んになった古典演劇で、北京の"京"を取って京劇という。歌、セリフ、舞踊、立ち回りなどで物語を進める音楽劇で、海外では「北京オペラ」と呼ばれている。日本の歌舞伎と似ていて、どちらも隈取をする役柄があり、男性が女性の役を演じるなど、共通部分がある。ただ京劇では役者自らが歌うが、歌舞伎の場合、役者は歌わないところが大きな違いである。

第15课　爱　好 <趣味>

A　あなたはどんな趣味をもっていますか。

你 有 **什么** 爱好?
Nǐ yǒu shénme àihào?

B　私はピアノを弾いたり、テニスをするのが好きです。

我 喜欢 弹 钢**琴**, 还 爱 打 网**球**。
Wǒ xǐhuan tán gāngqín, hái ài dǎ wǎngqiú.

A　あなたは文学芸術が好きですか、それともスポーツの方が好きですか。

你 (是) 喜欢 **文艺**, 还是 (喜欢) 体育?
Nǐ (shì) xǐhuan wényì, háishì (xǐhuan) tǐyù?

B　文学芸術、スポーツ、みなとても好きです。

文艺、 体育 我 **都** 挺 喜欢 的。
Wényì, tǐyù wǒ dōu tǐng xǐhuan de.

A　あなたはパソコンに興味がありますか。

你 对 电脑 感**兴趣** 吗?
Nǐ duì diànnǎo gǎnxìngqù ma?

B　非常に興味があります。私はパソコンマニアです。

非常 感兴趣, 我 是 个 电脑 **迷**。
Fēicháng gǎnxìngqù, wǒ shì gè diànnǎo mí.

A　あなたは歌手になりたいですか。

你 愿意 当 歌**手** 吗?
Nǐ yuànyì dāng gēshǒu ma?

B　私は歌手には興味がありません。

我 对 当 歌手 **没** 兴趣。
Wǒ duì dāng gēshǒu méi xìngqù.

A　あなたには何かの道楽がありますか。

你 有 什么 **嗜好** 吗?
Nǐ yǒu shénme shìhào ma?

B　私は別に道楽を持ちません、ただ酒を飲むのがすきです。

我 **没** 什么 嗜好, 只是 爱 喝 **酒**。
Wǒ méi shénme shìhào, zhǐshì ài hē jiǔ.

新出単語 90

爱好	àihào	(名)
喜欢	xǐhuan	(動)
弹	tán	(動)
钢琴	gāngqín	(名)
爱	ài	(動)
打	dǎ	(動)
网球	wǎngqiú	(名)
文艺	wényì	(名)
体育	tǐyù	(名)
挺	tǐng	(副)
～的	~de	(助)
对～	duì~	(前置)
电脑	diànnǎo	(名)
感兴趣	gǎn/xìngqù	(離合)
非常	fēicháng	(副)
～迷	~mí	(名)
愿意～	yuànyì~	(助動)
歌手	gēshǒu	(名)
兴趣	xìngqù	(名)
嗜好	shìhào	(名)
只是	zhǐshì	(副)
酒	jiǔ	(名)

76

注 釈

1. 喜欢＋動詞（句）「～をするのが好きである」

2. 爱＋動詞（句）「～することを好む」
   必ず後に動詞や動詞句を伴う。

3. 你（是）喜欢文艺，还是（喜欢）体育？「文学や芸術が好きですか、それともスポーツの方が好きですか」
   （　）の中の単語は省略可。

4. 挺～（的）「けっこう～／わりと～」
   "挺"は話し言葉に用いる程度副詞であるが、強調の程度はそれほど強くない。使用する時、"的"をよく伴う。

5. 对～感兴趣「～に対して興味を持っている」
   否定形は"对～不感兴趣"。

6. 我是个电脑迷。「私はパソコンマニアです」
   "个"は"一个"で、後ろの名詞の性質を強調する働きがある。"迷"は趣味を表す名詞の後に置き、「～マニア／～ファン」という意味になる。

7. 你有什么嗜好吗？「何かの道楽がありますか」
   疑問詞を用いる文の文末に"吗"をつけると不特定のことを示す。"嗜好"は道楽で、好ましくないニュアンスが含まれるので、"爱好"とは同じ意味としては用いない。

8. 我没什么嗜好，只是爱喝酒。「私は酒が好きなほかに、何の道楽もありません」
   この文の"什么"は疑問詞としてではなく、語気を和らげる働きをする。

1. 我喜欢弹钢琴，还爱<u>打网球</u>。

   a. 读书　dú/shū / 読書する

   b. 滑雪　huá/xuě / スキーをする

   c. 拉小提琴　lā xiǎotíqín / バイオリンを弾く

   d. 打篮球　dǎ lánqiú / バスケットボールをする

2. 你（是）喜欢<u>文艺</u>，还是（喜欢）<u>体育</u>？

   a. 红色　hóngsè / 赤色　　　　黄色 huángsè / 黄色

   b. 冬天　dōngtiān / 冬　　　　夏天 xiàtiān / 夏

   c. 文科　wénkē / 文系　　　　理工科 lǐgōngkē / 理工系

   d. 中国菜 Zhōngguócài / 中華料理　　西餐 xīcān / 西洋料理

3. 你对<u>电脑</u>感兴趣吗？

   a. 时装　shízhuāng / 流行の服

   b. 书法　shūfǎ / 書道

   c. 股票　gǔpiào / 株

   d. 网络　wǎngluò / ネットワーク

4. 我对当<u>歌手</u>没兴趣。

   a. 运动员　yùndòngyuán / スポーツ選手

   b. 护士　hùshi / 看護師

   c. 政治家　zhèngzhìjiā / 政治家

   d. 空中小姐　kōngzhōngxiǎojiě / 客室乗務員

5. 我没什么嗜好，只是爱<u>喝酒</u>。

   a. 抽烟　chōu/yān / タバコを吸う

   b. 打麻将　dǎ májiàng / マージャンをする

   c. 买马票　mǎi mǎpiào / 馬券を買う

   d. 泡网吧　pào wǎngbā / ネットカフェーを利用する

＊趣味の表現

文　芸 wényì		
唱歌儿	chàng/gēr	（歌を歌う）
跳舞	tiào/wǔ	（踊る）
弹钢琴	tán gāngqín	（ピアノを弾く）
说相声	shuō xiàngsheng	（漫才をやる）
朗诵	lǎngsòng	（朗誦する）

体　育 tǐyù		
游泳	yóu/yǒng	（泳ぐ）
滑雪	huá/xuě	（スキーをする）
打太极拳	dǎ tàijíquán	（太極拳をする）
跑马拉松	pǎo mǎlāsōng	（マラソンをする）
下围棋	xià wéiqí	（囲碁を打つ）

【アニメーション】

　中国の若者はエンターテインメントにおいて、アニメーションへの興味指数がかなり高い。男女を問わず、好んで鑑賞する。特に、日本のアニメーションは中国の若者に人気があり、人気のキャラクターの関連グッズ等も多く発売されている。日本のアニメ映画も高い興行収入を獲得し、訪日する中国人旅行者の中で、アニメのロケ地をめぐる人も増加中。

第16课　行　为（进行）＜行為（進行）＞

A　あなたは何をしていますか。

你 在 干 什么 呢?
Nǐ zài gàn shénme ne?

B　私はちょうどテレビを見ているところです。

我 正（在）看 电视 呢。
Wǒ zhèng (zài) kàn diànshì ne.

A　子供たちはまだ勉強をしていますか。

孩子们 还 在 学习 吗?
Háizimen hái zài xuéxí ma?

B　上の子はギターを弾いていて、下の子はネットをしています。

老 大 在 弹 吉他, 老 二 上网 呢。
Lǎo dà zài tán jítā, lǎo èr shàngwǎng ne.

A　誰がベッドの上に横になっていますか。

谁 在 床 上 躺着 呢?
Shéi zài chuáng shàng tǎngzhe ne?

B　おばあちゃんがベッドの上に横になっています。

姥姥 在 床 上 躺着 呢。
Lǎolao zài chuáng shàng tǎngzhe ne.

A　壁に何が掛けてありますか。

墙 上 挂着 一 个 什么 东西?
Qiáng shàng guàzhe yí gè shénme dōngxi?

B　和式の花瓶が掛けてあります。

挂着 一 个 日式 花瓶。
Guàzhe yí gè rìshì huāpíng.

A　あなたはどうして入らないのですか。

你 怎么 不 进 去 呢?
Nǐ zěnme bú jìn qù ne?

B　中はちょうど会議中なのです。

里边儿 正 开着 会 呢。
Lǐbiānr zhèng kāizhe huì ne.

新出単語

在	zài	（副）
～呢	~ne	（助）
正	zhèng	（副）
电视	diànshì	（名）
孩子	háizi	（名）
学习	xuéxí	（動）
老～	lǎo~	（形）
～大	~dà	（形）
吉他	jítā	（名）
上网	shàng/wǎng	（離合）
床	chuáng	（名）
躺	tǎng	（動）
～着	~zhe	（助）
姥姥	lǎolao	（名）
墙	qiáng	（名）
挂	guà	（動）
东西	dōngxi	（名）
日式	rìshì	（形）
花瓶	huāpíng	（名）
怎么	zěnme	（代）
进	jìn	（動）
里边儿	lǐbiānr	（名）
开会	kāi/huì	（離合）

注 釈

1. **你在干什么呢?**「何をしていますか」
   “在”は副詞で、動詞の前に置いて、動作や行為の進行を表す。“呢”は語気助詞で、動作や行為の進行を表す。動作の進行を表す時、“在”と“呢”の両方を使ってもいいし、片方だけ使ってもいい。
   “呢”は疑問文の中にある場合、疑問の語気も兼ねる。

2. **我正（在）看电视呢。**「私はまさにテレビを見ているところです」
   “正”は“在”あるいは動詞の前に置いて、動作の進行を強調する働きがある。“在”を省略することもできる。
   “呢”は文を完結する働きもするし、強調の語気も含む。

3. **老～**
   “老”の後に数詞が来ると、兄弟姉妹の順序を表す。“大”は“一”の代わりに使われるので、“老大”は1番上の子を指す。

4. **谁在床上躺着呢?**「誰がベッドの上に横になっていますか」
   動態助詞“着”は動詞の後に置いて、動作の進行や状態の持続を表す。

5. **姥姥在床上躺着呢。**「おばあちゃんがベッドの上に横になっています」
   “着”を用いる文の語尾に“呢”を伴うと自然である。

6. **墙上挂着一个日式花瓶。**「壁に和風の花瓶が掛けてある」
   ある場所に、人や物が存在している様子を表現する文を「存在文」という。
   《場所詞＋動詞＋“着”＋数量詞＋名詞》の形をとる。“人”や“物”になる成分は意味的には不特定のもので、意味上の主体である。

7. **日式花瓶**「和式の花瓶」
   “日式”は区別詞で、形容詞の一種である。名詞あるいは構造助詞“的”の前にのみ用いられる。単独で主語や目的語になることはない。

8. **你怎么不进去呢?**「あなたはどうして入らないのですか」
   “怎么”は疑問代詞で、「なぜ、どうして」という意味になる。原因や理由を問う。

9. **开着会**「まさに会議が進行している」
   “开会”は離合動詞であるため、動態助詞“着”を動詞“开”の後に置く必要がある。

1. 我正（在）看电视呢。

a. 写信 xiě xìn / 手紙を書く

b. 听录音 tīng lùyīn / 録音を聴く

c. 洗澡 xǐ/zǎo / お風呂に入る

d. 擦皮鞋 cā píxié / 皮靴を拭く

2. 老大在弹吉他，老二上网呢。

a. 写作业 xiě zuòyè / 宿題をする　　背诗 bèi shī / 詩を暗唱する

b. 看小说 kàn xiǎoshuō / 小説を読む　　打电话 dǎ diànhuà / 電話をする

c. 修电脑 xiū diànnǎo / パソコンを修理する　　擦玻璃 cā bōli / ガラスを拭く

d. 做菜 zuò cài / 料理を作る　　洗衣服 xǐ yīfu / 洗濯をする

3. 姥姥在床上 / 躺着呢。

a. 院子里 yuànzi lǐ / 庭の中　　站着 zhànzhe / 立っている

b. 门口儿 ménkǒur / 出入り口の前　　坐着 zuòzhe / 座っている

c. 屋里 wū lǐ / 部屋の中　　歇着 xiēzhe / 休んでいる

d. 厨房里 chúfáng lǐ / 台所の中　　忙着 mángzhe / 忙しくしている

4. 墙上挂着一个日式花瓶。

a. 桌子上摆着 zhuōzi shàng bǎizhe / 机の上に置いてある
洋式座钟 yángshì zuòzhōng / 洋式置き時計

b. 门前趴着 mén qián pāzhe / 入口の前に腹ばいになっている
中式狮子 zhōngshì shīzi / 中国式の獅子

c. 窗台旁放着 chuāngtái páng fàngzhe / 窓際に置いてある
仿古瓷罐儿 fǎnggǔ cíguànr / つぼのレプリカ

d. 茶几上搁着 chájī shàng gēzhe / 茶卓に置いてある
袖珍茶壶 xiùzhēn cháhú / 小さな急須

5. 里边儿正开着会呢。

a. 外边儿 wàibiānr / 外　　下着雨 xiàzhe yǔ / 雨が降っている

b. 前边儿 qiánbiānr / 前　　修着路 xiūzhe lù / 道路の工事中

c. 电话 diànhuà / 電話　　占着线 zhànzhe xiàn / 電話中

d. 学生们 xuéshengmen / 学生たち　　上着课 shàngzhe kè / 授業中

＊動作の進行表現「〜している」

● 我正洗澡。（私はお風呂に入っています。）

a. 在〜：　　　　我<u>在</u>洗澡。

b. 〜呢：　　　　我洗澡<u>呢</u>。

c. 在〜呢：　　　我<u>在</u>洗澡<u>呢</u>。

d. 正〜：　　　　我<u>正</u>洗澡。

e. 正〜呢：　　　我<u>正</u>洗澡<u>呢</u>。

f. 正在〜：　　　我<u>正在</u>洗澡。

g. 正在〜呢：　　我<u>正在</u>洗澡<u>呢</u>。

＊動作の状態を表す"着"

● 小　姑娘　抱着　一　只　小　狗。　　　　（女の子が1匹の小犬を抱いている。）
　Xiǎo gūniang bàozhe yì zhī xiǎo gǒu.

● 于 老师　穿着　一 件　旗袍。　　　　　（于先生がチャイナドレスを着ている。）
　Yú lǎoshī chuānzhe yí jiàn qípáo.

● 奶奶 在 门口 坐着 呢。　　　　　　　（おばあちゃんが入り口に座っている。）
　Nǎinai zài ménkǒu zuòzhe ne.

【大学生の生活】

　中国の大学生は基本的に大学の寮に住み、学校の食堂で食事をする。しかし近年、アパートを借りて校外に住む学生も増えている。放課後、多くの学生はサークル活動に参加する。サークル活動で最もよく見られるのは映画部、漫画アニメ部、楽団などの文化系とテニス、卓球、テコンドーなどのスポーツ系である。勿論、学術系のサークルに熱心に参加する学生もいる。

第17课　　比　较　<比较>

A　あなたの書斎は寝室より広いですか。

你 的 书房 比 卧室 **大** 吗?
Nǐ de shūfáng bǐ wòshì dà ma?

B　書斎は寝室より少し広いです。

书房 比 卧室 **宽敞** 一点儿。
Shūfáng bǐ wòshì kuānchang yìdiǎnr.

A　東京の夏は北京ほど暑いですか。

东京 的 夏天 有 北京 **热** 吗?
Dōngjīng de xiàtiān yǒu Běijīng rè ma?

B　夏は北京ほどこんなに暑くありません。

夏天 **没**有 北京 这么 热。
Xiàtiān méiyǒu Běijīng zhème rè.

A　この2冊の辞書はどちらが使いやすいですか。

这 两 本 词典 **哪** 本 更 好 用 一些?
Zhèi liǎng běn cídiǎn něi běn gèng hǎo yòng yìxiē?

B　古い方よりも新しい方が使いやすいです。

旧 的 不如 **新** 的 好 用。
Jiù de bùrú xīn de hǎo yòng.

A　このカメラはあなたのと同じでしょう。

这 台 照相机 跟 你 的 **一样** 吧?
Zhèi tái zhàoxiàngjī gēn nǐ de yíyàng ba?

B　私のとはまるっきり違います。

和 我 的 **完**全 不 一样。
Hé wǒ de wánquán bù yíyàng.

A　この問題はあの問題ほどそんなに難しいですか。

这个 问题 有 **那** 个 那么 难 吗?
Zhèige wèntí yǒu nèi gè nàme nán ma?

B　2つの問題はほとんど同じぐらい難しいです。

两 个 问题 差不多 **一**样 难。
Liǎng gè wèntí chàbuduō yíyàng nán.

新出単語

比较	bǐjiào	（動）
书房	shūfáng	（名）
比～	bǐ～	（前置）
卧室	wòshì	（名）
宽敞	kuānchang	（形）
夏天	xiàtiān	（名）
有～	yǒu～	（前置）
北京	Běijīng	（固有）
热	rè	（形）
没有～	méiyǒu～	（前置）
这么～	zhème～	（副）
词典	cídiǎn	（名）
更	gèng	（副）
好～	hǎo～	（形）
用	yòng	（動）
～一些	～yìxiē	（量）
旧	jiù	（形）
不如～	bùrú～	（前置）
新	xīn	（形）
～台	～tái	（量）
照相机	zhàoxiàngjī	（名）
一样	yíyàng	（形）
完全	wánquán	（副）
问题	wèntí	（名）
那么～	nàme～	（副）
难	nán	（形）
差不多	chàbuduō	（副）

注 釈

1. 你的书房比卧室大吗?「あなたの書斎は寝室より広いですか」
   "比"は「～より、～に比べて」という意味で、《A +"比"+ B + 比べた結果（形容詞）+ (差)》の形で、性状と程度の比較を表す。比べた結果の差の量を形容詞の後に置く。

2. 书房比卧室宽敞一点儿。「書斎は寝室より少し広いです」
   "一点儿"は「すこし～、ちょっと～」という意味で、程度が低いことを表し、程度補語として形容詞の後に置かれる。文の中で"书房比"がなくても、比較するニュアンスを含む。

3. 东京的夏天有北京热吗?「東京の夏は北京ほど暑いですか」
   "有"は前置詞で、「～と同じくらい」という意味を表す。
   《A +"有"+ B +("这么／那么")+形容詞》の形で、似通っていることを表す。

4. 夏天没有北京这么热。「夏は北京ほどこんなに暑くない」
   "没有"は前置詞で、「～ほどではない」という意味を表す。"比"か"有"を用いる比較文の否定形に用いる。《A +"没有"+ B +("这么／那么")+形容詞》の形になる。

5. 这么～／那么～「こんなに～／そんなに～」
   比較する文のなかに"这么／那么"があれば、比べられる対象の性質などの程度を強調する。比べられる対象が目の前にある場合は"这么"を使い、そうではない場合は"那么"を使う。

6. 好用一些「ある程度使いやすい」
   《"好"+動詞》の形で「～しやすい」という意味になる。"一些"は"一点儿"よりは少し数が多いか、程度が高いことを表す。

7. 旧的不如新的好用。「古い方よりも新しい方が使いやすいです」
   "不如"は「～に及ばない」という意味になる。《A +"不如"+ B +("这么／那么")+形容詞》の形で、A は B に及ばないことを表す。

8. 这台照相机跟你的一样吧?「このカメラはあなたのと同じでしょう」
   "跟／和"は比較する対象を導く働きをする。《A +"跟／和"+ B +"一样"+(形容詞)》の形で、A は B と同じであることを表す。否定は《A +"跟／和"+ B +"不一样"+(形容詞)》または《A +"不"+"跟／和"+ B +"一样"+(形容詞)》という形になる。

9. 差不多「ほとんど同じである」
   程度、レベルなどが大して違わないことを表す。

1. 书房比卧室宽敞一点儿。
   - a. 一些 yìxiē / いくつか
   - b. 一倍 yí bèi / 倍
   - c. 多了 duō le / ずっと
   - d. 三平方米 sān píngfāngmǐ / 3平方メートル

2. 夏天没有北京这么热。
   - a. 春天 chūntiān / 春　　　　　　暖和 nuǎnhuo / 暖かい
   - b. 冬天 dōngtiān / 冬　　　　　　冷 lěng / 寒い
   - c. 古迹 gǔjì / 古跡　　　　　　多 duō / 多い
   - d. 马路 mǎlù / 道路　　　　　　宽 kuān / 広い

3. 这两本词典哪本更好用一些？
   - a. 两支圆珠笔 liǎng zhī yuánzhūbǐ / 2本のボールペン　支 zhī / 本
   - b. 两个球拍儿 liǎng gè qiúpāir / 2つのラケット　　个 gè / 個
   - c. 两双筷子 liǎng shuāng kuàizi / お箸2膳　　双 shuāng / 膳
   - d. 两把刀 liǎng bǎ dāo / 2本の刀　　　　把 bǎ / 本

4. 这台照相机跟你的一样吧？
   - a. 差不多 chàbuduō / さほど変わらない
   - b. 相似 xiāngsì / 似ている
   - c. 不太一样 bútài yíyàng / あまり同じではない
   - d. 完全不一样 wánquán bù yíyàng / 完全に違う

5. 两个问题差不多一样难。
   - a. 简单 jiǎndān / 簡単
   - b. 难懂 nándǒng / 理解しづらい
   - c. 严重 yánzhòng / 深刻である
   - d. 复杂 fùzá / 複雑である

＊比較の表現

① Ａ＋比＋Ｂ〜 （ＡはＢより〜）

我 比 他 高。
Wǒ bǐ tā gāo.

我 比 他 高 一 点儿 ／ 一些 ／ 得 多 ／ 多 了。
Wǒ bǐ tā gāo yì diǎnr / yìxiē / de duō / duō le.

② Ａ＋没 (有)＋Ｂ (那么 ／ 这么) 〜 （ＡはＢほど〜ではない）

我 没(有) 他 那么 高。
Wǒ méi(yǒu) tā nàme gāo.

③ Ａ＋有＋Ｂ (那么 ／ 这么) 〜 （ＡはＢぐらい〜）

我 有 他 那么 高。
Wǒ yǒu tā nàme gāo.

④ Ａ＋不比＋Ｂ〜 （ＡはＢより〜であるわけではない ／ＡはＢと同じぐらい〜）

我 不比 他 高。
Wǒ bùbǐ tā gāo.

⑤ Ａ＋不如＋Ｂ (那么 ／ 这么) 〜 （ＡはＢほど〜ではない ／ＡよりＢの方が〜）

我 不如 他 那么 高。
Wǒ bùrú tā nàme gāo.

─【北京の路地】─

　北京は昔から中国の首都であり、歴史的な建造物がたくさん残っている。その中でも魅力的なのは“胡同儿 hútòngr”である。“胡同儿”とは北京に古くからある典型的な路地のことで、両側に灰色の壁が林立している。壁の裏側に“四合院儿 sìhéyuànr”と呼ばれる北京特有の住宅が並んでいる。“胡同儿”と“四合院儿”は庶民の日常生活の場所でもあり、歴史や文化の変遷の舞台でもあるから、文化財として政府に保護されている。

第18课　行　为（结果）　＜行為（結果）＞

<table>
<tr><td colspan="2">

101 A あなたはサッカーの試合のチケットは買えましたか。

你 买 到 足球 比赛 的 票 了 吗?
Nǐ mǎi dào zúqiú bǐsài de piào le ma?

B まだ入手していません。授業が終わったら、また買いに行きます。

还 没 买 到。下 了 课，再 去 买。
Hái méi mǎi dào. Xiàle kè, zài qù mǎi.

A あなたはあの映画のチケットを誰にあげましたか。

你 把 那 张 电影票 给 谁 了?
Nǐ bǎ nèi zhāng diànyǐngpiào gěi shéi le?

B 私のガールフレンドにあげました。

把 它 给 我 女朋友 了。
Bǎ tā gěi wǒ nǚpéngyou le.

A あなたは宿題を書き終えましたか。

你 把 作业 写 完 了 吗?
Nǐ bǎ zuòyè xiě wán le ma?

B 私はもうすでに提出しました。

我 都 把 作业 交 上去 了。
Wǒ dōu bǎ zuòyè jiāo shàngqù le.

A 子供は本を図書館に返しましたか。

孩子 把 书 还 给 图书馆 了 吗?
Háizi bǎ shū huán gěi túshūguǎn le ma?

B 返しました、また何冊か借りて帰ってきたようです。

还 了，好像 又 借 回来 了 几 本。
Huánle, hǎoxiàng yòu jiè huílái le jǐ běn.

A お母さんに誕生日のプレゼントをあげましたか。

你 送 妈妈 生日 礼物 了 吗?
Nǐ sòng māma shēngrì lǐwù le ma?

B 私は母に花束をあげました。

我 送 给了 妈妈 一 束 鲜花儿。
Wǒ sòng gěile māma yí shù xiānhuār.

</td><td>

新出単語　102

～到	～dào	（動）
足球	zúqiú	（名）
票	piào	（名）
下课	xià/kè	（離合）
把～	bǎ～	（前置）
电影票	diànyǐngpiào	（名）
给	gěi	（動）
它	tā	（代）
女朋友	nǚpéngyou	（名）
作业	zuòyè	（名）
写	xiě	（動）
～完	～wán	（動）
都	dōu	（副）
交	jiāo	（動）
～上去	～shàngqù	（動）
还	huán	（動）
～给	～gěi	（動）
图书馆	túshūguǎn	（名）
又	yòu	（副）
借	jiè	（動）
～回来	～huílái	（動）
送	sòng	（動）
礼物	lǐwù	（名）
～束	～shù	（量）
鲜花儿	xiānhuār	（名）

</td></tr>
</table>

注　釈

1. **你买到足球比赛的票了吗?**「サッカーの試合のチケットは買えましたか」
   動詞 "到" は "买" の結果補語である。結果補語は動作の結果を表すもので、動詞との結びつきが非常に緊密であるため、動詞と結果補語の間にものを入れることができない。動詞の前に "没（有）" を加えると否定形になる。

2. **下了课，再去买。**「授業が終わったら、また買いに行きます」
   《動詞（句）＋ "了" ＋動詞（句）》の "了" は「～したら」という意味で、行為の未来完了を表す。"下课" のような離合動詞の場合は、"了" を真ん中に挿入する。

3. **你把那张电影票给谁了?**「あの映画のチケットを誰にあげましたか」
   "把" は「～を～する」の「を」に相当する。《"把" ＋目的語＋動詞＋他の要素》の形で、動作、行為が物事をどう処理するか、および処理してからの結果を説明する時に使う。動詞は処置する能力を持つものに限る。"把" の後の名詞は特定のものに限る。この文の "谁" は目的語で他の要素として使われている。

4. **写完**「書き終える」
   "完" は "写" の結果補語である。

5. **交上去**「提出する」
   "上去" は動詞 "交" の複合方向補語である。動作が下位、下部から上位、上部に向けて行うことを表す。

6. **孩子把书还给图书馆了吗?**「こどもは本を図書館に返しましたか」
   《"把" ＋目的語 1 ＋動詞＋結果補語＋目的語 2》の構文で、"把" 構文のもう 1 つのパターンである。"书" は目的語 1 で、"图书馆" は目的語 2 で、"给" は動詞 "还" の結果補語として使われている。

7. **借回来**「借りて帰って来る」
   "回来" は動詞 "借" の複合方向補語で、動作の方向を表す。「複合方向補語」は "上／下／进／出／回／过／起" のそれぞれが "来" や "去" と組み合わせてできるもので、"起去" はない。

8. **几本**「何冊か」
   "几" は陳述文中に用いられる時、10 までの不特定な量を表す。

9. **你送妈妈生日礼物了吗?**「お母さんに誕生日のプレゼントをあげましたか」
   二重目的語文で、《動詞＋間接目的語（～に）＋直接目的語（～を）》の形になる。動詞は授受動詞に限る。

1. **你买到 / 足球比赛的票了吗？**

   a. 找着 zhǎozháo / 見つかる   钥匙 yàoshi / カギ

   b. 听懂 tīngdǒng / 聞き取る   我的话 wǒ de huà / 私の話

   c. 学会 xué/huì / マスターする   滑雪 huá/xuě / スキー

   d. 翻到 fāndào / …までページをめくる   第八页 dì bā yè / 8ページ

2. **你把作业 / 写完了吗？**

   a. 录像带 lùxiàngdài / ビデオテープ   借来 jièlái / 借りてくる

   b. 客人 kèrén / お客さん   送走 sòngzǒu / 見送る

   c. 自行车 zìxíngchē / 自転車   修好 xiūhǎo / ちゃんと直す

   d. 衣服 yīfu / 服   洗干净 xǐgānjing / きれいに洗う

3. **下了课再去买。**

   a. 吃了饭 chīle fàn / ご飯を食べたら   去遛狗 qù liù gǒu / 犬の散歩をする

   b. 下完棋 xiàwán qí / 碁をし終わったら   擦地板 cā dìbǎn / 床を拭く

   c. 换上衣服 huànshàng yīfu / 着替えたら   下厨房 xià chúfáng / 台所に立つ

   d. 接回孩子 jiēhuí háizi / 子供を迎えたら   买菜 mǎi cài / 食材を買う

4. **孩子把书还给 / 图书馆了吗？**

   a. 装进 zhuāngjìn / しまい入れる   书包里 shūbāo lǐ / 鞄の中

   b. 送给 sònggěi / 送る   小朋友 xiǎopéngyou / 友だち

   c. 放回 fànghuí / 戻す   书架上 shūjià shàng / 本棚の上

   d. 带到 dàidào / …まで持って   学校去 xuéxiào qù / 学校へ…（し）て行く

5. **我送给了妈妈一束鲜花儿。**

   a. 献 xiàn / ささげる   一首歌儿 yì shǒu gēr / 1曲の歌

   b. 教 jiāo / 教える   几句日语 jǐ jù Rìyǔ / 日本語を少し

   c. 寄 jì / 郵送する   十万日元 shí wàn rìyuán / 10万円

   d. 带 dài / もたらす   一个好消息 yí gè hǎo xiāoxi / 良いニュース

＊結果補語「動詞＋結果補語（動詞／形容詞）」

結果補語	用例	
〜懂 （〜してわかる） dǒng	看懂　中文　书 kàndǒng Zhōngwén shū	听懂　英语 tīngdǒng Yīngyǔ
〜完 （〜し終わる） wán	吃完　午饭 chīwán wǔfàn	学完　第五课 xuéwán dì wǔ kè
〜到 （〜まで〜する／目的を達成する） dào	学到　第　五　页 xuédào dì wǔ yè	买到　球票 mǎidào qiúpiào
〜错 （〜し間違える） cuò	写错　拼音 xiěcuò pīnyīn	念错　字 niàncuò zì
〜好 （〜し終わる／きちんと〜する） hǎo	洗好　衣服 xǐhǎo yīfu	学好　汉语 xuéhǎo Hànyǔ
〜给 （〜に〜する） gěi	送给　朋友 sònggěi péngyou	写给　留学生 xiěgěi liúxuéshēng
〜在 （〜に／で〜する） zài	留在　教室 liúzài jiàoshì	放在　书包里 fàngzài shūbāolǐ

※页（ページ），球票（球技試合の入場券），念（読む），字（字），洗（洗う），留（残る），书包（かばん）

● 否定は "没（有）" を用いる

例：我们还没（有）学完第五课。（私たちはまだ第五課を学習し終えていません。）

【独身の日】

　中国語で "光棍儿 guānggùnr" とは独身者の意味。最近中国では11月11日は、並んでいる「1」という数字が独りの人を連想させるため、"光棍儿节 guānggùnrjié"（独身の日）と呼ばれるようになった。ネットショッピングの普及につれて、ここ数年、この日は各大手ECサイトが一斉に大規模な販促を行い、ECサイトや百貨店などのセールが行われる一大商戦の日となっている。

第19课　可　能 ＜可能＞

A　あなたは今年の同窓会に参加できますか。

今年 的　同窗会　你 能 参加 吗?
Jīnnián de　tóngchuānghuì nǐ néng cānjiā　ma?

B　残念ながら、私は参加できません。

很 遗憾, 我 不 能 参加。
Hěn yíhàn,　wǒ bù néng　cānjiā.

A　あなたどう思う、あとで雨が降るでしょうか。

你 看, 一会儿 会 下雨 吗?
Nǐ kàn,　yíhuìr huì xiàyǔ ma?

B　見たところ、降りそうもないです。

看样子,　好像　不 会 下雨。
Kànyàngzi,　hǎoxiàng　bú huì　xiàyǔ.

A　会議のことを彼は忘れたのでしょうか。

开会 的 事儿, 他 会 不 会 忘 了?
Kāihuì de　shìr, tā huì bu huì wàng le?

B　かもしれない。そうでなければ、どうしてまだ来ないの。

说不定。 要不, 为什么 还 不 来 呢?
Shuōbudìng. Yàobù,　wèishénme hái bù lái ne?

A　この試合に巨人軍は勝てますか。

这　场 比赛 巨人队 能 赢 吗?
Zhèi chǎng bǐsài　Jùrén duì néng yíng ma?

B　私が思うには、おそらく巨人軍は負けそうです。

我 看, 巨人队 大概 要 输。
Wǒ kàn, Jùrén duì dàgài yào shū.

A　明日の株は暴落する可能性がありますか。

明天　股票 有 可能 暴落 吗?
Míngtiān gǔpiào yǒu kěnéng bàoluò ma?

B　私の見るところでは、暴落する可能性は十分あると思います。

依 我 看, 大有 暴落 的 可能。
Yī wǒ　kàn, dàyǒu bàoluò de　kěnéng.

新出単語　106

可能	kěnéng	（名）
同窗会	tóngchuānghuì	（名）
参加	cānjiā	（動）
遗憾	yíhàn	（形）
看	kàn	（動）
一会儿	yíhuìr	（名）
会～	huì～	（助動）
下雨	xià/yǔ	（離合）
看样子	kànyàngzi	（副）
事儿	shìr	（名）
忘	wàng	（動）
说不定	shuōbudìng	（副）
要不	yàobù	（接続）
为什么	wèishénme	（代）
来	lái	（動）
～场	～chǎng	（量）
比赛	bǐsài	（名／動）
巨人	jùrén	（名）
队	duì	（名）
赢	yíng	（動）
要～	yào～	（助動）
输	shū	（動）
明天	míngtiān	（名）
股票	gǔpiào	（名）
暴落	bàoluò	（動）
依～	yī～	（前置）
大有～	dàyǒu～	（動）

注　釈

1. **你看「君の意見では」**
   "你看" は挿入語である。挿入語というのは人の態度や情緒を表すもので、文頭に置いても
   よいし、文中に置いてもよい。

2. **一会儿会下雨吗？「あとで雨が降るでしょうか」**
   "会" は助動詞で、動詞の前に置いて、可能性があることを表す。《"会"＋動詞》は「～す
   る／～なるであろう／～のはずだ」という意味になる。

3. **看样子，好像不会下雨。「見たところ、降りそうもないです」**
   "看样子" は「この様子では、見たところでは」という意味で、挿入語である。"会" を用
   いる文の否定形は動詞の前に "不会" を加える。

4. **他会不会忘了?　「彼は忘れたのでしょうか」**
   助動詞を用いる反復疑問文は、助動詞の肯定形と否定形の並列した形で作られる。

5. **要不「さもなければ／でなければ」**
   挿入語である。

6. **我看「私が思うには」**
   挿入語である。

7. **巨人队大概要输。「おそらく巨人軍は負けそうです」**
   "要" は助動詞で、そういう傾向があることを表す。

8. **明天股票有可能暴落吗?　「明日の株は暴落する可能性がありますか」**
   《"有"＋"可能"＋動詞》は "有" を用いる連動文である。

9. **依我看「私は～と思う」**
   挿入語である。

10. **大有暴落的可能。「暴落する可能性は十分あると思います」**
    "大有～的可能" は「十分～の可能性がある」という意味を表す。

1. 今年的同窗会你能参加吗？

    a. 夏期讲座 xiàqī jiǎngzuò / 夏季講座

    b. 短期留学 duǎnqī liúxué / 短期留学

    c. 汉语检定考试 Hànyǔ jiǎndìng kǎoshì / 中国語検定試験

    d. 课外实习 kèwài shíxí / 課外実習

2. 看样子，好像不会下雨。

    a. 看情况 kàn qíngkuàng / 状況からみると   下雪 xià/xuě / 雪が降る

    b. 看起来 kàn qǐlái / 見るところでは   堵车 dǔ/chē / 渋滞する

    c. 我觉得 wǒ juéde / ～と思う   迟到 chídào / 遅刻する

    d. 依我看 yī wǒ kàn / 私の見るところでは   地震 dìzhèn / 地震が起きる

3. 开会的事儿，他会不会忘了？

    a. 面试 miànshì / 面接する   b. 相亲 xiāng/qīn / 見合いする

    c. 开学 kāi/xué / 学校が始まる   d. 家访 jiāfǎng / 家庭訪問する

4. 我看巨人队大概要输。

    a. 可能 kěnéng / …かもしれない   b. 也许 yěxǔ / たぶん

    c. 说不定 shuōbudìng / ひょっとしたら   d. 搞不好 gǎobuhǎo / 悪くすると

5. 明天股票有可能暴落吗？

    a. 比赛 bǐsài / 試合   延期 yán/qī / 延期する

    b. 飞机 fēijī / 飛行機   误点 wù/diǎn / 遅れる

    c. 婚礼 hūnlǐ / 結婚式   推迟 tuīchí / 遅らせる

    d. 工人 gōngrén / 労働者   罢工 bà/gōng / ストライキを行う

＊自然現象の表現

下雨 xià/yǔ （雨が降る）　　　　下雪 xià/xuě （雪が降る）

下雾 xià/wù （霧が出る）　　　　下冰雹 xià bīngbáo （ひょうが降る）

降霜 jiàng/shuāng （霜が降りる）　　刮风 guā/fēng （風が吹く）

起风 qǐ/fēng （風が出る）　　　　打雷 dǎ/léi （雷が鳴る）

打闪 dǎ/shǎn （稲光がする）　　　结冰 jié/bīng （氷が張る）

结霜 jié/shuāng （霜が付く）　　　出太阳 chū tàiyang （太陽が出る）

【スポーツ】

　日本ではサッカーの他に野球も人気があるが、中国では野球はあまり人気がなく、ルールすら知らない人も圧倒的に多い。ある調査では、せっかちな性格が多い中国人からみると、野球は非常に静かなスポーツだという。選手やボールが激しく動いているバスケットボールやサッカーに比べ、野球選手は自由に動くことができないため、退屈という印象が持たれるからである。

第20课　能　力 ＜能力＞

A　あなたは何ヶ国語が話せますか。

你 会 说 几 种 外语?
Nǐ huì shuō jǐ zhǒng wàiyǔ?

B　英語を少しとロシア語をちょっとしか話せません。

我 只 会 说 一点儿 英语 和 几 句 俄语。
Wǒ zhǐ huì shuō yìdiǎnr Yīngyǔ hé jǐ jù Éyǔ.

A　あなたは何メーター泳げますか。

你 游泳 能 游 多少 米?
Nǐ yóuyǒng néng yóu duōshǎo mǐ?

B　だいたい1,000メーターぐらい泳げます。

差不多 能 游 一 千 米 左右。
Chàbuduō néng yóu yì qiān mǐ zuǒyòu.

A　息子さんは進学校に合格できますか。

你 儿子 考得上 重点 校 吗?
Nǐ érzi kǎodeshàng zhòngdiǎn xiào ma?

B　進学校にはたぶん入れないでしょう。

重点 校 他 大概 考不进去。
Zhòngdiǎn xiào tā dàgài kǎobujìnqù.

A　あなたは1回でマオタイ酒を1本飲みきれますか。

你 一 次 喝得了 一 瓶 茅台酒 吗?
Nǐ yí cì hēdeliǎo yì píng Máotáijiǔ ma?

B　飲みきれますが、高くて手が出ません。

能 喝得了, 但是 喝不起。
Néng hēdeliǎo, dànshì hēbuqǐ.

A　彼女が京劇を歌うのはどうですか。

她 (唱) 京剧 唱 得 怎么样?
Tā (chàng) jīngjù chàng de zěnmeyàng?

B　京劇を上手に歌えますし、歌謡曲の歌い方も巧いです。

她 京剧 唱 得 很 棒, 通俗歌儿 也 唱 得 不错。
Tā jīngjù chàng de hěn bàng, tōngsúgēr yě chàng de búcuò.

新出単語

能力	nénglì	（名）
会～	huì~	（助動）
说	shuō	（動）
外语	wàiyǔ	（名）
英语	Yīngyǔ	（名）
～句	~jù	（量）
俄语	Éyǔ	（名）
游泳	yóu/yǒng	（離合）
能～	néng~	（助動）
游	yóu	（動）
～米	~mǐ	（量）
儿子	érzi	（名）
考	kǎo	（動）
～得～	~de~	（助）
～上	~shàng	（動）
重点	zhòngdiǎn	（形）
校	xiào	（名）
～进去	~jìnqù	（動）
～了	~liǎo	（動）
～瓶	~píng	（量）
茅台酒	Máotáijiǔ	（名）
但是	dànshì	（接続）
～起	~qǐ	（動）
唱	chàng	（動）
棒	bàng	（形）
通俗歌儿	tōngsúgēr	（名）
不错	búcuò	（形）

注 釈

1. 你会说几种外语? 「何ヶ国語が話せますか」
   "会" は助動詞で、「〜することができる」という意味になる。技能・技術を習得した結果、身につく能力に用いる。

2. 一点儿＋名詞 「少しの〜」
   わずかな量を表す。

3. 你儿子考得上重点校吗? 「息子さんは進学校に合格できますか」
   《動詞＋"得"＋結果補語》の形で、「〜することができる」という意味になる。
   否定形は《動詞＋"不"＋結果補語》になる。"上" はもともと結果補語で、ここでは動詞 "考" の可能補語になる。抽象的な意味を持ち、目的の達成を表す。

4. 重点校他大概考不进去。「進学校にはたぶん入れないでしょう」
   "考不进去" は《動詞＋"不"＋方向補語》の形で、「〜することができない」という意味になる。"进去" はもともと複合方向補語で、ここでは "考" の可能補語になる。

5. 能喝得了 「飲みきれます」
   《動詞＋"得"＋"了 (liǎo)"》の形で、「〜しきれる／〜できる」という意味になる。"了" は動詞で、ふつう、単独では使わず、可能補語として使う。その動作を量的に完了あるいは実現できるという意味を表す。"能" は助動詞で、可能補語を用いる文の肯定形の動詞の前に使うこともできる。

6. 喝不起 「(高すぎて) 飲めない」
   "起" は可能補語として使われ、経済的な余裕があるから「〜することができる」という働きをする。"不起" は動詞の後に付き、財的・肉体的・精神的などの負担をする能力や資格がないので、できないこと、堪えられないことを表す。

7. 她唱京剧唱得怎么样? 「彼女が京劇を歌うのはどうですか」
   《(動詞)＋目的語＋同じ動詞＋"得"＋程度補語 (形容詞)》の形で、「〜の仕方がどのようだ」という意味になる。動作の結果あるいは能力を示す。"得" の後ろの部分は程度補語である。形容詞が程度補語として用い、動作や物事の性質の程度を説明する。会話では最初の動詞を省略するのはふつうである。

1. 你会说 / 几种外语？

    a. 写 xiě / 書く　　　　　　　　　几种字体 jǐ zhǒng zìtǐ / 何の書体

    b. 做 zuò / 作る　　　　　　　　　几样儿菜 jǐ yàngr cài / 何種類のおかず

    c. 弹 tán / 弾く　　　　　　　　　什么乐器 shénme yuèqì / どんな楽器

    d. 唱 chàng / 歌う　　　　　　　　哪国民歌儿 nǎ guó míngēr / どの国の民間歌謡

2. 你游泳能游多少米？

    a. 喝啤酒 hē píjiǔ / ビールを飲む　　　　喝几瓶 hē jǐ píng / 何本飲む

    b. 吃米饭 chī mǐfàn / ご飯を食べる　　　　吃几碗 chī jǐ wǎn / 何膳食べる

    c. 说外语 shuō wàiyǔ / 外国語を話す　　　说几种 shuō jǐ zhǒng / 何カ国語を話す

    d. 唱中国歌儿 chàng Zhōngguó gēr / 中国の歌を歌う　唱多少首 chàng duōshao shǒu / 何曲歌う

3. 重点校他大概考不进去。

    a. 二百公斤 èrbǎi gōngjīn / 200キログラム　　举不起来 jǔbuqǐlái / 持ち上げられない

    b. 三十个饺子 sānshí gè jiǎozi / 餃子30個　　吃不下去 chībuxiàqù / 食べられない

    c. 五十度的白酒 wǔshí dù de báijiǔ / 50度の白酒　喝不了 hēbuliǎo / 飲めない

    d. 高级公寓 gāojí gōngyù / 高級マンション　　买不起 mǎibuqǐ / 高くて買えない

4. 她唱京剧 / 唱得怎么样？

    a. 画画儿 huà huàr / 絵を描く　　　　　b. 踢足球 tī zúqiú / サッカーをする

    c. 拉二胡 lā èrhú / 二胡を弾く　　　　　d. 下围棋 xià wéiqí / 囲碁をさす

5. 通俗歌儿也唱得不错。

    a. 汉字 Hànzì / 漢字　　　写得相当好 xiěde xiāngdāng hǎo / 相当うまく書く

    b. 单词 dāncí / 単語　　　记得挺牢 jìde tǐng láo / きちんと覚えている

    c. 衣服 yīfu / 服　　　　穿得比较时髦 chuānde bǐjiào shímáo / おしゃれに着こなす

    d. 汉语 Hànyǔ / 中国語　说得很流利 shuōde hěn liúlì / とても流暢に話す

＊可能補語

● 「動詞＋"得／不"＋結果補語／方向補語」

動詞＋結果補語／方向補語	～できる	～できない
看懂（見てわかる） kàndǒng	看得懂 kàndedǒng	看不懂 kànbudǒng
写完（書き終わる） xiěwán	写得完 xiědewán	写不完 xiěbuwán
做好（うまく作る／きちんとやる） zuòhǎo	做得好 zuòdehǎo	做不好 zuòbuhǎo
听清楚（はっきり聞く） tīngqīngchu	听得清楚 tīngdeqīngchu	听不清楚 tīngbuqīngchu
进去（入って行く） jìnqù	进得去 jìndeqù	进不去 jìnbuqù
回来（戻って来る） huílái	回得来 huídelái	回不来 huíbulái
拿上来（持って上がって来る） náshànglái	拿得上来 nádeshànglái	拿不上来 nábushànglái

＊長さの単位

公里 gōnglǐ （キロメートル）	里 lǐ （500メートル）	米 mǐ （メートル）
分米 fēnmǐ （デシメートル）	厘米／公分 límǐ/gōngfēn （センチメートル）	毫米 háomǐ （ミリメートル）

【白酒】

　白酒の発祥地は中国である。コーリャン、トウモロコシ、ジャガイモなど穀物を原料とする。もともとアルコール度数が50度以上が基本だが、90年代からアルコール濃度を下げたものが広がってきて、今では"低度酒 dīdùjiǔ"と呼ばれる38度の白酒が主流となっている。宴席で何度も行う乾杯には、基本的に小さいグラスに白酒を注ぎ、飲んだ後で杯を逆さにして、飲み干したことを示す習慣がある。

第21课　制　止 ＜禁止＞

A　慌てないで、もう少しゆっくりして下さい。

別 着急， 再 坐 一会儿 吧。
Bié zháojí, zài zuò yíhuìr ba.

B　駄目です、また用事がありますから、行かなくちゃ。

不行，我 还 有事儿， 得 走 了。
Bùxíng, wǒ hái yǒushìr, děi zǒu le.

A　もう本を読むのをやめて、早く寝なさい。

别 看 书 了， 快 睡觉 吧!
Bié kàn shū le, kuài shuìjiào ba!

B　分かりました、何度も私をせかさないで下さい。

知道 了， 你 不要 老 催 我 了。
Zhīdào le, nǐ búyào lǎo cuī wǒ le.

A　あなたはこのことを絶対に人にいってはいけませんよ。

你 千万 不 能 把 这 事儿 告诉 别人。
Nǐ qiānwàn bù néng bǎ zhè shìr gàosu biérén.

B　心配する必要はありません。私は他人にいったりしません。

请 不用 担心， 我 不会 对 人 讲 的。
Qǐng búyòng dānxīn, wǒ bú huì duì rén jiǎng de.

A　ここでタバコを吸ってもいいですか。

这儿 可以 吸烟 吗?
Zhèr kěyǐ xīyān ma?

B　すみません、ここではタバコを吸ってはいけません。

对不起， 这儿 不 能 吸烟。
Duìbuqǐ, zhèr bù néng xīyān.

A　みなさん、廊下で大声で話をしないでください。

请 你们 不要 在 走廊 大声儿 说话。
Qǐng nǐmen búyào zài zǒuláng dàshēngr shuōhuà.

B　本当にすみません！授業の邪魔をしてしまいました。

真 对不起! 影响 你们 上课 了。
Zhēn duìbuqǐ! yǐngxiǎng nǐmen shàngkè le.

新出単語

制止	zhìzhǐ	（動）
别～	bié～	（副）
着急	zháo/jí	（離合）
坐	zuò	（動）
不行	bùxíng	（動）
有事儿	yǒu/shìr	（離合）
快	kuài	（形）
睡觉	shuì/jiào	（離合）
不要～	búyào～	（副）
老	lǎo	（副）
催	cuī	（動）
千万	qiānwàn	（副）
告诉	gàosu	（動）
别人	biérén	（代）
不用～	búyòng～	（副）
担心	dān/xīn	（離合）
人	rén	（代）
讲	jiǎng	（動）
可以～	kěyǐ～	（助動）
吸烟	xī/yān	（離合）
走廊	zǒuláng	（名）
大声儿	dàshēngr	（形）
说话	shuō/huà	（離合）
真	zhēn	（副）
影响	yǐngxiǎng	（動）

注　釈

1. **別着急**「慌てないで」
   "別"は日本語の「～するな」の「な」に相当する。禁止を表す。

2. **不行**「いけない / 駄目だ」
   応答に用いる。

3. **得走了。**「行かなければならない」
   "得"は助動詞で、「～（し）なければならない」という意味になる。"了"は変化を表す。

4. **別看书了**「もう本を読むのをやめて」
   "別～了"は「もう～しないで」、「～するのをやめて」という意味になる。進行している動作やこれからしようとする動作を中断や中止させる時に用いる。

5. **你不要老催我了。**「何度も催促しないで下さい」
   《"不要"＋動詞》は「～しないように」という意味で、禁止を表す。

6. **不用担心。**「心配する必要はありません」
   《"不用"＋動詞》は「～する必要はない、～するには及ばない」という意味。"不用"は助動詞"得"と"要"の否定形として用いる。

7. **我不会对人讲的。**「私は他人にいったりしません」
   "不会"は「～するはずはない」という意味で、推量の働き。文の主語が1人称代名詞で、動詞が行為を表すものの場合、「～しない」ということを相手に意思表示するという意味になる。"会"を使う時、よく"的"を伴う。

8. **这儿可以吸烟吗?**「ここでタバコを吸ってもいいですか」
   《"可以"＋動詞》は「～してもよい」という意味で、許可を表す。否定形は"不能"あるいは"不可以"を用いる。この文の"这儿"は「ここで」の意味。

9. **请你们不要在走廊大声儿说话。**「廊下で大きな声を出さないでください」
   "请"は使役動詞で、「～に～してもらう」という依頼や要求の意味を表す。"你们"は兼語で、"请"の目的語と同時に"说话"という動詞の主語にもなる。兼語を用いる文を兼語文という。

10. **影响你们上课了。**「授業の邪魔をしてすみませんでした」
    "你们上课"というフレーズは"影响"の目的語である。

1. 我还有事儿，<u>得</u>走了。
    a. 要　yào / する必要がある
    b. 该　gāi / すべきである
    c. 必须　bìxū / 必ず…しなければならない
    d. 一定得　yídìngděi / きっと…しなければならない

2. 别<u>看书</u>了，快<u>睡觉</u>吧。
    a. 玩儿电子游戏　wánr diànzǐ yóuxì / 電子ゲームで遊ぶ　　学习　xuéxí / 勉強する
    b. 睡懒觉　shuì lǎnjiào / 寝坊をする　　起床　qǐ/chuáng / 起きる
    c. 看电视　kàn diànshì / テレビを見る　　练琴　liàn qín / ピアノを練習する
    d. 画漫画儿　huà mànhuàr / 漫画を描く　　写作业　xiě zuòyè / 宿題を書く

3. 这件事儿<u>千万不能</u>告诉别人。
    a. 不要　búyào / …してはいけない
    b. 不许　bùxǔ / …しては許さない
    c. 不准　bùzhǔn / 禁じる
    d. 可别　kěbié / 絶対…するな

4. 对不起，<u>这儿</u>不能<u>吸烟</u>。
    a. 巴士里　bāshì lǐ / バスの中　　喝饮料　hē yǐnliào / 飲み物を飲む
    b. 广场上　guǎngchǎng shàng / 広場で　　停车　tíng/chē / 駐車する
    c. 剧场内　jùchǎng nèi / 劇場の中　　吃东西　chī dōngxi / ものを食べる
    d. 马路边　mǎlù biān / 道端　　滑旱冰　huá hànbīng / ローラースケートをする

5. 请你们不要在走廊大声儿<u>说话</u>。
    a. 喧哗　xuānhuá / 騒ぐ
    b. 喊叫　hǎnjiào / 叫ぶ
    c. 说笑　shuōxiào / 談笑する
    d. 嚷嚷　rāngrang / がやがや騒ぐ

まとめ 116

＊禁止表現

别～（～するな） bié ～	别 说 话！（話しをするな。） Bié shuō huà!
别～了（～するのをやめて） bié ～ le	别 看 电视 了！（テレビを見るのをやめて。） Bié kàn diànshì le!
不要～（～しないように） búyào	不要 信 他 的 话！（彼の話を信じないように。） Búyào xìn tā de huà!
不要～了（～するのをやめて） búyào ～ le	不要 再 吃 了。（これ以上食べないで。） Búyào zài chī le.
不许～（～するのを許さない） bùxǔ ～	不许 撒 谎！（嘘をつくな。） Bùxǔ sā huǎng!
不准～（～するのを固く禁止する） bùzhǔn ～	不准 拍 照。（写真撮影を禁止する。） Bùzhǔn pāi zhào.

【話し声】

中国では幼稚園の時から、声が大きいことは元気で良いことだと教えられている。それゆえに、子供が騒いでいても注意されることはあまり見かけない。また、中国人は賑やかな雰囲気が大好きなので、レストランなどで大声で会話をしたり、騒いだりしても別に悪く感じない。日本人が音をたててお蕎麦を食べることと同じように、習慣の違いで同じ事象でも違う受け取り方がある。

第22课　请　求　＜要求＞

A　何といったのですか。もう1度いってくれませんか。

你 说 **什么**? 请 你 再 **说** 一 遍, **好** 吗?
Nǐ shuō shénme? Qǐng nǐ zài shuō yí biàn, hǎo ma?

B　はい、今度はゆっくりいいます。

好, 这 次 我 **慢慢儿** 地 说。
Hǎo, zhèi cì wǒ mànmānr de shuō.

A　お手数ですが、写真を撮ってもらってもいいですか。

麻烦 您, 帮 我 照 张 **相**, **行** 吗?
Máfan nín, bāng wǒ zhào zhāng xiàng, xíng ma?

B　いいですよ、ちょっと待って、名人に撮ってもらいましょう。

行, **等** 一 下儿, 叫 **高手儿** 给 你 照。
Xíng, děng yíxiàr, jiào gāoshǒur gěi nǐ zhào.

A　自転車を私にちょっと使わせてくれる?

把 自行车 叫 我 **用**用 呗!
Bǎ zìxíngchē jiào wǒ yòngyong bei!

B　あいにく、さっき弟に乗って行かれちゃった。

真 不巧, 刚才 被 我 弟弟 骑 **走** 了。
Zhēn bùqiǎo, gāngcái bèi wǒ dìdi qí zǒu le.

A　最後までいわせてくれませんか。

请 让 我 把 话 说 **完**, 好 不 **好**?
Qǐng ràng wǒ bǎ huà shuō wán, hǎo bu hǎo?

B　ごめんなさい、また話をさえぎってしまいました。

不好意思, **又** 打断 你 的 话 了。
Bùhǎoyìsi, yòu dǎduàn nǐ de huà le.

A　都合がよければ、あなたに食事をご馳走したいのですが。

方便 的话, 很 想 请 你 吃 顿 便饭。
Fāngbiàn dehuà, hěn xiǎng qǐng nǐ chī dùn biànfàn.

B　あなたと一緒に食事ができるなんて、大変光栄です!

能 跟 您 一起 用餐, **太** 荣幸 了!
Néng gēn nín yìqǐ yòngcān, tài róngxìng le!

新出単語

请求	qǐngqiú	（動）
～遍	～biàn	（量）
好	hǎo	（形）
慢慢儿	mànmānr	（形）
～地～	～de～	（助）
麻烦	máfan	（動）
帮	bāng	（動）
照相	zhào/xiàng	（離合）
行	xíng	（動）
等	děng	（動）
～一下儿	～yíxiàr	（量）
叫～	jiào～	（動）
高手儿	gāoshǒur	（名）
照	zhào	（動）
自行车	zìxíngchē	（名）
～呗	～bei	（助）
不巧	bùqiǎo	（形）
被～	bèi～	（前置）
骑	qí	（動）
～走	～zǒu	（動）
让～	ràng～	（動）
话	huà	（名）
打断	dǎduàn	（動）
方便	fāngbiàn	（形）
～的话	～dehuà	（助）
请～	qǐng～	（動）
～顿	～dùn	（量）
便饭	biànfàn	（名）
用餐	yòng/cān	（離合）
荣幸	róngxìng	（形）

注 釈

1. **〜，好吗？**「いいですか」
   文の後ろに置き、人にお願いする時、使用する丁寧な表現。

2. **这次我慢慢儿地说。**「今度はゆっくりいいます」
   “慢慢儿”はゆっくりと。単音節の形容詞の重ね型である。一部の単音節の形容詞が重なると、後ろの音節の声調が第一声になり、アル化される。構造助詞“地”は形容詞や副詞などに後置し、動詞や形容詞を修飾する時に用いる。

3. **等一下儿**「ちょっと待って」
   “一下儿”は動詞の後に用いて、「ちょっと〜する、〜してみる」という意味を表す。

4. **〜呗！**
   語気助詞。文末に置いて、人に頼むことや相談することの語気を表す。軽い気持ちを示す。

5. **被我弟弟骑走了。**「弟に乗って行かれてしまいました」
   “被”は介詞で、「〜に〜される」という意味で、《“被”＋(行為者)＋動詞＋他の要素》の受け身文に用い、行為者を導く働きをする。

6. **请让我把话说完，好不好?**「最後までいわせてくれませんか」
   “让”は使役動詞で、「〜に〜をさせる」という働きをし、兼語文を構成する。“好不好”は「よろしいですか」という意味で、相手の意見を尋ねる時に用いる。

7. **〜的话**「〜ならば」
   仮定を表す。

8. **很想请你吃顿便饭。**「食事をご馳走したいのですが」
   “请”は「ご馳走する、おごる」という意味で、兼語文をつくる。“很想”は“想”より程度が高い。

1. 请你再<u>说一遍</u>，好吗？
   a. 来一趟　lái yí tàng / 1度来る
   b. 跳一回　tiào yì huí / 1回踊る
   c. 跑一次　pǎo yí cì / 1回走る
   d. 敲一下儿　qiāo yíxiàr / 1度ノックする

2. 这次我<u>慢慢儿</u>地说。
   a. 好好儿　hǎohāor / ちゃんと　　写 xiě / 書く
   b. 仔细　zǐxì / 綿密に　　听 tīng / 聞く
   c. 大声儿　dàshēngr / 大声で　　念 niàn / 読む
   d. 认认真真　rènrenzhēnzhēn / 真面目に　　翻 fān / 訳す

3. 叫<u>高手儿</u>给你照。
   a. 爸爸　bàba / お父さん　　买玩具 mǎi wánjù / おもちゃを買う
   b. 妈妈　māma / お母さん　　做蛋糕 zuò dàngāo / ケーキを作る
   c. 哥哥　gēge / お兄さん　　讲数学题 jiǎng shùxué tí / 数学の問題を教える
   d. 姐姐　jiějie / お姉さん　　梳头 shū/tóu / 髪を梳かす

4. 刚才被我弟弟<u>骑走</u>了。
   a. 喝光　hē guāng / 飲み干す　　b. 弄脏 nòng zāng / 汚す
   c. 拿回家　ná huí jiā / 家に持って帰る　　d. 借出去 jiè chūqù / 貸し出す

5. 很想请你<u>吃顿便饭</u>。
   a. 听音乐会　tīng yīnyuèhuì / 音楽会を聞く
   b. 打高尔夫球　dǎ gāo'ěrfūqiú / ゴルフをする
   c. 教我英语　jiāo wǒ Yīngyǔ / 私に英語を教える
   d. 给学生做报告　gěi xuésheng zuò bàogào / 学生に演説をする

＊使役表現

① 让 ràng （～に～させる）

您 让 我 想一想。 （あなたはちょっと私に考えさせて下さい。）
Nín ràng wǒ xiǎng yi xiǎng.

② 叫 jiào （～に～させる）

妈妈 不 叫 我 骑 摩托车。 （お母さんは私にオートバイに乗らせない。）
Māma bú jiào wǒ qí mótuōchē.

③ 使 shǐ （～に～させる）

他 的 话 使 我 很 感动。 （彼の話は私をとても感動させた。）
Tā de huà shǐ wǒ hěn gǎndòng.

④ 请 qǐng （～に～してもらう）

请 您 来 一下儿。 （どうぞちょっと来て下さい。）
Qǐng nín lái yíxiàr.

⑤ 请 qǐng （～を招く／～におごる）

我 请 你 吃饭。 （私はあなたに食事をおごります。）
Wǒ qǐng nǐ chīfàn.

⑥ 求 qiú （～にするよう頼む）

求 你 帮 一个 忙。 （あなたにちょっと助けてもらいます。）
Qiú nǐ bāng yí gè máng.

【奢り】

中国では友人とレストランで食事する時、割り勘ではなく、基本的に誘った方が奢る。そして男性と女性なら男性が、上司と部下なら上司が、収入の高い方が、社会的地位のある方が、といった具合である。前回は奢ってもらったら、今回はなんとしても奢ってあげようとする。順番にやり合うことで友情と信頼関係を保持することができるからである。中国人と仲良くなるための一つのコツといえよう。

陳　洲挙

于　暁飛

劉　渇氷

同 学 社

Ⓒ 半声を取り入れた**中国語耳留学**

2020 年 4 月 1 日　初版発行

定価　本体 2,400 円（税別）

編著者	陳　洲挙 于　暁飛 劉　渇氷
発行者	近 藤 孝 夫
印刷所	株式会社　坂田一真堂
発行所	株式会社 **同 学 社**

〒112-0005　東京都文京区水道 1-10-7
電話 03-3816-7011　振替　00150-7-166920

製本：井上製本所　組版：倉敷印刷
ISBN978-4-8102-0790-3
Printed in Japan